「藤原正遠講話集」

第四巻

法藏館

昭和62年　浄秀寺にて（82歳）

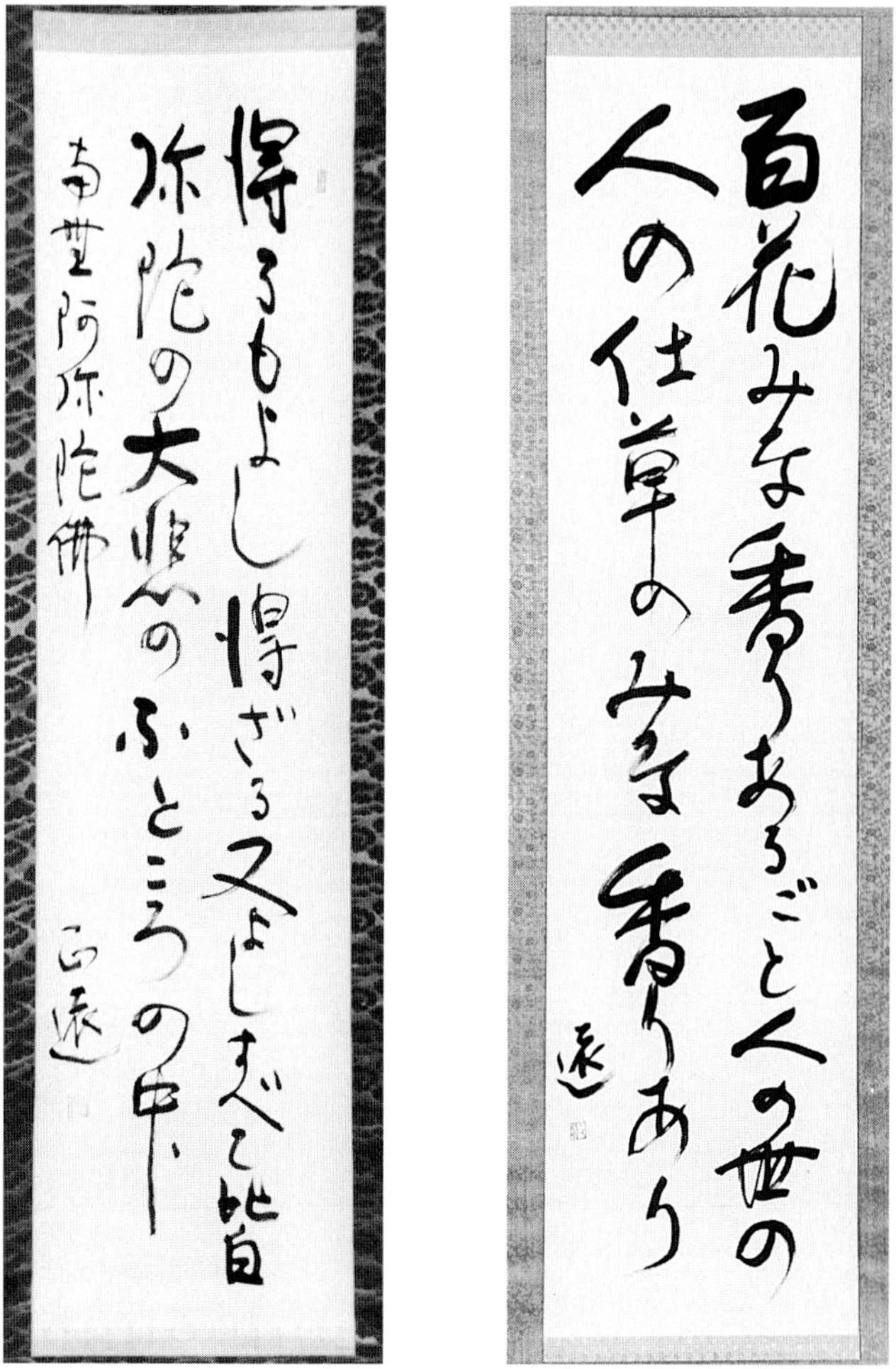
百花みな香りあるごと人の世の
人の仕草のみな香りあり
遠
得るもよし得ざる又よしすべて皆
弥陀の大悲のふところの中
南無阿弥陀佛
正遠

藤原正遠筆（浄秀寺蔵）

藤原正遠講話集　第四巻　目次

昭和六十年（一九八五年）

昭和六十一年（一九八六年）

昭和六十二年（一九八七年）

藤原正遠講話集　全五巻

第一巻 ―『正信偈』依経分の講話と、『愚禿悲歎述懐和讃』などの解説を収める。正遠師の世界が、聖教によって語られる。

第二巻 ― 正遠師の世界がよく表された講話を精選して収録。人間の分別を破って大法の世界に生きることの安らかさを説く。

第三巻 ―『法爾』誌に発表された昭和五一年から昭和五九年までの文章を収録。正遠師の世界が色々なことによせて語られる。

第四巻 ―『法爾』誌に発表された昭和六〇年から平成五年までの文章を収録。最晩年の正遠師の世界が語り出される。

第五巻 ― 昭和六年から最晩年まで、生涯を通して作られた数多くの歌の中から、藤原利枝師が五〇〇首を精選して収める。

藤原正遠講話集　第四巻　法爾二

二〇〇二年五月一五日　初版第一刷発行

著　者　藤原正遠

発行者　西村七兵衛

発行所　株式会社　法藏館

京都市下京区正面通烏丸東入
郵便番号　六〇〇-八一五三
電話　〇七五-三四三-〇〇三〇（編集）
〇七五-三四三-五六五六（営業）

印刷・製本　中村印刷株式会社

ISBN 4-8318-4502-7 C3315

先生のみ教えとなると、私がこれまで聞いてきた仏法とはいささか趣の違うもので、そのままいただくことはできませんでした。

一切は如来のお仕事であり、煩悩も仏わざである、罪障さえも「お障りさま」と「さま」を付けていただかれる、このような先生の安心は、小賢しき「知恵」でははかりしれないものでした。

「四分六分」の教えや、「スイカとカボチャ」の譬えなどは大変わかりやすいのですが、「蛇と蛙」の譬えから一歩進んで、「戦争するのも仏わざ、戦争に反対するのも仏わざ」と言われては、なんのことかさっぱりわからなくなるのでした。

当時、世上を賑わしていた「オウム」が話題になったとき、「麻原彰晃でも助かるのですか」とお聞きしたら、言下に「ハイ」と答えられて、「ここに麻原よりもっとひどい者がおります」とも言われました。

殺した者と殺された者、加害者と被害者、仏と凡夫、悟りと煩悩、等々、どこどこまでも善悪の二元論でしか物事を考えられない私の頭の、遥か彼方で先生は微笑んでおられました。

あれから十年近く経ちました。遅まきながら先生のご本を通して、先生の通られた深い悲しみの一端に触れさせていただきました。それに合わせて先生のみ教えが、私の頭をスルリと超えて、しずかに胸にしみこんでくるようになりました。

気づいてみれば当然ながら、先生は苦労知らずの「ありがたやさん」ではありませんでした。先生は人一倍に繊細で鋭利な心の持ち主でした。だから園子ちゃんという幼子とともに、自らの死を経験してしまうことになられたのだと思います。
佐々真利子さんに宛てられた手紙を見て、誰が泣かずにおれましょう。先生ほど深く優しく人間の業を拝まれた方がいるでしょうか。それもみな、妹や娘の死に際し、ただ涙を枯らすほかない無力な先生だったからでありましょう。先生のお念仏は、高上がりする「我」の一切合切が打ち砕かれた果てで「お出ましくださったお念仏」だったのでした。
この世のいかなる出来事に対しても、もはや驚かれることなく、ただ「みんな、ご苦労さんじゃ」と、明るく言われていた先生のお言葉が、今、私の胸の中に響いております。
わが浄土真宗は、懺悔と讃嘆の教えでありましょう。親鸞聖人はもちろんのこと、多くの妙好人の口から、「念仏もうさんとおもいたつ心のおこるとき」、その慶びが歌となり詩となってほとばしり出たのでした。先生もまた、「口割りたもう」お念仏とともに、溢れる慶びが次々と歌となってほとばしり出たのでした。
先生のくつろがれたお座敷には、揮毫していただいた「南無阿弥陀仏」のお名号と、
何れにもゆくべき道の絶えたれば口割りたもう南無阿弥陀仏
生き死には花の咲くごと散るがごと弥陀のいのちのかぎろいの中
来し方も又ゆく方も今日の日もわれは知らねどみ運びのまま
の三首の歌とが、屏風仕立てに表装されて、今も私たちを導き続けてくださっています。

恩師藤原正遠先生についての思い出

井上 初美

先生との出会い

昭和三十年頃と思います。先生は日田市のお東のお寺で御法座をなされていました。当時私は運送会社に勤めていまして、労使問題があって、その運営にむずかしい時代でした。先生とお会いして、そのお話を聴聞しますと、一切は南無阿弥陀仏である。私はただただお念仏をおすすめします。それは『歎異抄』第二条の「親鸞においては、ただ念仏して、弥陀にたすけられまいらすべしと、よきひとのおおせをかぶりて、信ずるほかに別の子細なきなり」という一点が私の信条ですとの強い言葉でした。当時いろいろとお話しされる方はいるが、その根本の教を判然と話された先生に一度に心を奪われました。

その後は、一年一度の二日間の先生の御法座に、先生をお慕いする河済、片島こんな大御所についてその名も大道会（大道誌）、のち正遠会となって日田の先生のご法義を聴聞する人は増大してゆきました。

しかし、お寺の老坊守さまが亡くなり、お寺の都合上、先生の御法座はお西の照蓮寺さま（現在も同寺で利枝先生をお招きしている）がなされました。

先生の御席は二泊四席で、常に「お念仏をしましょう」親鸞さまの真似をしましょうが本旨として御法義をなされていました。また仏法は常識では解決されるものではないことを、いろんなことを事例として話されていました。また聴聞者のお念仏の声が少ないときは、「ひねり出せ」と強い言葉で話されたこともありました。その反面どこまでも温和でやさしいお人柄に聴聞者一同を感化させずにはおかないということを皆感じさせられました。また話が終って先生が居間に入ると、多くの人がその部屋にわきいろいろと質問していましたが、先生はすべてにご回答をしてくださいました。それは私は、仏さまの言葉としての回答であるからできるのであるといっておられました。

昭和五十六年春、私は会社を定年退職しました。しかし会をリードされてきた河済、片島両大先輩もすでに逝き、その後継者もおらず、皆さんの勧めで私は連絡員として会を引き継ぎました。そして春は照蓮寺さまがお招きし、秋は一時カンポセンターで正遠会として法座しましたが、あるとき先生に「私の古家でよければ」と申し上げますと、先生は大変喜ばれ、ご承知くださいました。その後ずっと秋九月の正遠会を私の家で、先生をお招きしてお寺同様二泊四座でしたが、狭い座敷で御法座をいたしました。先生はあくまでお念仏に始まりお念仏に終るご法話をなされていましたが、これは一貫した先生のお念仏を称えましょうという信念であったと思います。

また、ときには「皆さん眠りたい者はどうぞ眠ってください」といっておられましたが、晩年は「皆さんここは眠りにきたのではないでしょう」と強い言葉で反省を促されることもありました。今思うと、先生も次第にお年を召されて、自分の生きている間に皆さんに真の念仏者になってもらいたいとのお心であったと思い、今もその深い願いに胸をうたれます。

またあるとき私の家で、家族四名（私と妻と子ども二名）と同行（女性）二名が先生と対話しているとき、妻が次の質問をしました。

床の間に掛けてある先生のご執筆の掛軸に、「不平不満もお手の中　南無阿弥陀仏」とありますが、妻は、私は六月以来ヒザの痛みに耐えられないでいます。それに主人（私のこと）は情の言葉もせず、おまえはお念仏もでず、先生のお話のご領解もできていないと皆の前で叱りました。

これに対し先生は、井上（妻）さんは身体の激痛が南無阿弥陀仏よりいただいたもの、痛いということが仏の声である。また死んではならんと死と闘うことが仏さまよりのお手の中といいただくことが被害者も他の人も胸がほどけるのではなかろうか。

仏法は自利利他円満のみ教えということを妻の病気をとおして共に味わった尊い教えでありました。

また先生がお発ちになる駅でお見送りするとき、会員がたくさん見送りに来ていましたが、列車が到着すると、同行が先生のお荷物を持って列車に入り席をとっていました。先生は後から入って、その人に厚くお礼を言った後、デッキまで来て列車が発進する間、お手を上げて別れを惜しんでおられました。ところが、席にかえられると、老人や子供を抱えている人を見ると、その席をすぐ譲られて、自分はそのまま立っておられるのをたびたびお見受けしました。そのとき先生は言っておられました。

「汽車は座席に座っている人も立っている人も、平等に目的地まで運んでくださる、ほんとうにありがたいことである」

と、こんなことはなかなかできないことではないでしょうか。また見送り者の中に小さい子ども連れの人がいると、その子どもにお金をそっと渡しておられたのをよく見たことがありました。がこうしたことは、なかなかできることではないと感じることでした。

仏法講習会に参加して

会社の退職を機に、先生のお奨めもあってはじめて浄秀寺さまに同行の人と三人でお参りしました。飛行機で行きましたので夕方お寺に着き、大きな立派な御堂に驚きました。

先生はじめ寺院の皆さまにご挨拶すると、すぐ今夜の懇親会場といって「辰口温泉柏木ホテル」に自動車で案内されました。そしてその夜は寺族やご門徒の方のおもてなしで日本海の珍味を満喫しました。ほんとうにわずかのご懇志に恥ずかしい思いでした。

翌朝お寺の境内で、改修に対するお寄付の一覧表の掲示板を見ました。ところがその順序は、お寺さまに入金なされた順番で、金額の大小に関係なく並んでいたのです。すべてが横並びに掲げられてあり、よく一般である、金額順位というようなことでないのに感服しました。

講習会のご講師は、池田勇諦、三上一英、吉田龍象その他で、大谷大学の先生もお招きしていましたが、常に正遠先生をはじめとし寺族全員必ずご法話をなされ、その徹底されているのに驚きかつ尊敬いたしました。

毎回毎回一日の夜は参加者の感話がご院家さま（正洋師）の司会で五分間を限度で実施されておりまして、皆さまのご信心のお篤いのにただただ驚きました。こんなことは当地ではほとんどありません。

講習会は二日目の夕方で一応終了いたしましたが、遠方などで泊まる人には夜お酒の好きな人にはご院家さまがお相手をなされ、お酒のできぬ人には小部屋に集まって正遠先生が茶菓子を持ってきていろんな問題を提示され、また各人のわからぬことを発言して先生のご指導をしていただきました。先生は絶対徹底してくださいました。

お寺に宿泊しえいただくときは、男性は二階、女性は御堂および両側の経やでしたが正遠先生は必ず夜半に回られ布団（毛布）などをよく手直しておられるのをよく見かけました。先生のやさしいお心にほんとうに感激したことでした。

男性の同行の人々がよく話していましたが、先生は昭和の親鸞聖人であると言っていました。私も長いお育ての中で、ほんとうに親鸞聖人さまはこのようなお方ではなかったかと感じます。

私たち日田の同行はわずかですが、第三日目の朝早くお寺を登って行くことにしていましたが、いつも坊守さま（利枝、千佳子さま）においしいのり巻きのおにぎりをつくっていただき汽車の中にて食事していたこと今も思い出して感謝しています。

第二の父

藤原千佳子

本年（平成十四年）一月十九日は父、正遠師の五年目のご命日でした。寒冷えのする本堂で住職の読経が始まる。内陣右側（余間《よま》）に父の法名軸「彩雲院釈正遠」が掛けてあります。生前に父自身が揮毫したものです。

仏前で掌を合わせて、そのやわらかな筆致を見ていると、優しかった父の面影が浮かんできます。私が今坊守としておりますす浄秀寺に嫁ぎまして、もう四十年の月日が経ちました。

はじめてこの寺に寄せていただいたのは父と一緒でした。私のふるさとは三重県の桑名です。その西恩寺、池田勇諦先生のお寺に父の長女、牧さんが嫁いでおられました。またその西恩寺婦人会の会長を私の祖母がしていました。私は幼い時からの祖母のお育てで、その頃祖母と一緒によくお参りに行っておりました。

若いのに熱心に聴聞する娘《こ》がいる、ということもあり、父が私を見込んでくださり、一度浄秀寺へ……ということだったのです。当時まだ名古屋の大学に通っていた私は、その年の春、父と一緒に北陸線の列車に乗っていました。

そのとき父が「私の寺にはお金はないけど、いただいたお米と仏法があるから」と言われたのを思い出します。そして翌昭和三十七年四月、ご縁が整い私は池田勇諦先生ご夫妻の仲人で、父の長男正《まさ》洋《うみ》さんと結婚いたしました。二十歳でした。

父はよく知人に私を紹介するとき、「私が見込んで連れてきたうちのお嫁さんや」と言われ、私は父やこの浄秀寺に恥じない、りっぱなお嫁さんにならなければ、と思ったのでした。

私は百点満点の姉《ねえ》さん（北陸ではこう呼ぶ）を目指しました。周りの人から、なんと良い方がおいでた、と言ってほしかったのですね。

でも日が経つにつれ、百点にはほど遠い私の姿が見えてきたのです。

気候風土と言葉の違いもありました。冬になると、そのころの北陸は今よりもっと寒く、吹雪の日が多く、冬の雷（雪おこし）が轟くと丈余の雪が一晩で積もったりするのです。

暖房も十分でなく、ふるさとのお日さまが恋しくなる、そんなとき、父は「千佳子さん、寒いなあ、つらいなあ、大変やなあ」と優しく声をかけてくださいました。

九州の秋月《あきづき》から来られた父は、太平洋側から来た私の身になってくださったのです。父だけはこの風土の違い、また言葉の違いの苦労をわかってくださっていると思うだけで、どんなにか心が慰められ、勇気づけられたことでしょう。父は仏さまの同悲の働きをしてくださったのです。

そのころ寺には祖父の鉄乗師が八十三歳で健在でした。九十六歳で亡くなられるまで祖父には十三年間のご縁をいただきました。

今思うと、祖父鉄乗師は智慧の働き、父正遠師は慈悲の働きで私をお育てくださったのでした。百点の嫁になるはずの私は自分の居場所そのものがいただけず、身は浄秀寺にいながら、心はふるさとの桑名に行っていました。足が地に着いていなかったのです。私は自分ひとり頑張って苦労しているつもりでいました。

そんなある日、父が、「がんばらんこっちゃ」「ゼロ点でいいがね」と言われたのです。そのとき私は何か肩の力が抜けたように思いました。百点になろうとした私は、実は傲慢で、主人や周りのみんなにご迷惑をかけていたのです。ゼロ点でもいい、私にできることをしていこう、仏さまは私に、ここ浄秀寺を唯一絶対の場として今、与えてくださっている、ここで歩ませてもらおう、仏法聞かせていただこう、宙に浮いていた足が地に着き、私は一歩歩める力をいただいたのです。方向が決まったのです。

そのころ自坊の念仏同朋会は月二回、清沢先生のご命日六日と親鸞聖人のご命日の二十八日でした。勤行のあと必ず、清沢満之先生の「絶対他力の大道」「他力の救済」を皆で唱和しました。

「我、他力の救済を念ずるときは、我が世に処するの道開け、我、他力の救済を忘るるときは、我が世に処するの道閉ず」

祖父鉄乗師、父正遠師、また住職の法話が私の身体に沁みこむようにいただけました。午前、午後の同朋会は私のための同朋会でした。

私は二男一女の母になっていました。六十歳代のころの父は一年のうち多くの月日を全国へ法話の旅に出ておられました。子ども好きの父は、孫である子どもたち三人もよくかわいがってくださり、旅先からは必ず絵葉書に言葉を添えて一人一人に送ってくださいました。父は自分には厳しかったのですが、周りの人には優しく心づかいをなさいました。

長じても子どもたちはおじいちゃんからいただくお小遣いがどんなにうれしかったことかと思われます。

法話の旅から帰られると、すぐお便りを書かれ、またよく来たお手紙の返事も書かれました。いつも机に向かっておられた姿が浮かびます。

いつか私にふと、「私の一生のほとんどは手紙書いとるなあ」と言われたことがありますが、長崎の佐々真利子さんとの往復書簡に代表されるように、父の「ただ念仏」をすすめられるそのお手紙でどれだけ多くの人が心に救いを得られたことでしょう。

祖父鉄乗師が昭和五十年に亡くなられ、それまで自坊機関紙として「大道」を発刊していましたが、翌五十一年より「法爾《ほうに》」誌として出発しました。父はその巻頭言を創刊から七十八号、七十歳から八十二歳（昭和六十四年）まで執筆されました。その後も原稿はずっと書かれました。

父は七十六歳の時、前立腺肥大で手術し、一か月ほど入院いたしました。その後お元気になられ、法話の旅にそのころからは母と二人で出かけられるようになりました。

八十五歳の五月、今度は心筋梗塞になられ、この時はずいぶんと心配しましたが、五十日ほどの入院の後、退院され、「法爾」にも「暖かくなって再びみなさまにお目にかかりたいと念じています」

と書かれ、各地の法友にまた会えることを楽しみにされ、そのお気持ちが強いぶん、奇跡的に回復されたのです。このころから父の法話の旅も少なくなりましたが、自坊での同朋会には少々体調が悪くても出られ、お念仏のお話を始められると、だんだん元気が出て、声まで大きくなられるのです。世間話は頭が痛くなる、とも言われていました。

この頃の父の想い出として、母が留守のときなど、父はそっと戸を開けて、台所にいる私に「千佳子さん、お茶でも飲むか」と声をかけられました。私は、

「おじいちゃん、おいしいお菓子があるんですよ。お抹茶にしましょう」

と言って、略式でお茶を点ててさしあげる、今日のお抹茶の加減は百点！など冗談を言っておいしそうに上がられました。

「あんたも今ではすっかりこちらの人やなあ」

「千佳子さんが毎日おいしいご馳走作ってくれるから、私はおかげで元気だよ」

と、うれしいことを言ってもらえるので、私は、今晩はおじいちゃんの好きな煮物と豚汁にしよう、などと張りきってしまうのでした。

話は前後しますが、二十数年前、私もご縁があって、はじめて法話に出ることになったとき、父は一言、

「自分がいただいたことだけお話しさせてもらいなさい」

と言ってくださいました。また、介護の必要な老人のおられる施設に行く時も、

「そういう方々の前でお話できるのがほんまもんや」

とも言われました。

今も私はご法縁をいただく時は、ただ頭で勉強したことでなく、自分の身の事実を通したことを……と心底に深く銘じているのです。

父は亡くなる前の年（平成八年）十一月、石川県宗教連盟から宗教文化賞を受賞されることになり、当日は母が連れ添って共にその式典に出席されました。父のこの日の晴れ姿は私の目に焼きついております。一か月後に父は不治の病の床に着くのです。

もう一つ父の最後の仕事となったのが、ＮＨＫの「こころの時代」で司会の金光寿郎氏が自坊に来られて収録され、「み運びのまま」と題して父のお念仏の歌が紹介され、十一月十日の日、全国に放映され、大きな反響がありました。

私と父とのご縁は、私が浄秀寺に参りました二十歳から五十五歳まで、正遠師五十六歳から九十一歳まで、三十五年間の有形無形のお育てでございました。今、桑名の実家には私の実父（第一の父）が八十六歳で元気でいてくれますが、最後に「法爾」誌上での私の追悼の文を第二の父、正遠師へのお礼とさせていただきます。合掌
「この度当寺前住職、藤原正遠（法名　彩雲院釈正遠）儀、一月十九日、午後十一時四十五分、逝去いたしました。

昨年十一月二十八日の自坊の念仏同朋会では元気に法話もいたし、お参りの方々と座談をしており

ましたが、十二月始め、風邪から肺炎となり、八日に入院いたしました。途中二度ほどの危機も脱し、一月には、酸素の力も借りずに自力で呼吸できるようになりました。その後筆談でお話ししたり、一時は車椅子にも乗れるようになって回復の期待も持ちました。けれどもやはり高齢でもあり、徐々に体力が落ち、私共の願いもむなしく、父は四十二日間の闘病を終えられました。

最後は、灯が消えてゆくような本当に寂かな命終でした。まだ体温の残る暖かな父のお体を撫でて、ご苦労さまでした、本当に長い間ありがとうございましたと、お礼申させていただきました。

親鸞聖人は、「往生はめでたきこと」とおっしゃってありますが、やはり今生の現身《うつしみ》の別れはつらく、涙があふれてあふれて、悲しいのです。父のみ遺体は、病院から父が「帰りたい、帰りたい」とおっしゃっていた浄秀寺に帰られました。

悲しみの中にも父をお送りする準備がご門徒や、お在所の方々によって進められました。

二十日は身内の者で夜伽をさせていただき、二十一日は本堂でお通夜となりました。その日は北陸にも稀《まれ》な、猛吹雪となり、道路は凍結し、参られる方々は大変でございました。飛行機も欠航となり、遠くの方は来られない状態でした。翌二十二日は荒天候もおさまり、時折、陽の射す日となりました。午前十一時が葬儀で、父の柩は大勢の有縁の方々の合掌の姿に見送られつつ寺の山門から出られました。

そうして日本海の冬涛の寄せる荼毘所で父はみ骨になられました。

ただ、お念仏を説かれた九十一年の尊いご生涯を尽くしていかれました。南無阿弥陀仏。

あや雲の流るるごとくわがいのち　永遠《とわ》のいのちの中を流るる
生き死にには花の咲くごと散るがごと　弥陀のいのちのかぎろいの中
南無阿弥陀仏口を開きて称うべし　称うる人にともる法《のり》の灯《ひ》
いよいよに救いなければいよいよに　喚《よ》び給うなり弥陀のみ親は
無量寿の親より生まれ無量寿の親の　いのちに還るわれなり（『大悲の中に』—念仏のうた—より）

今は静かになりました寺内に居りますと、まだ部屋の戸を開けて父が入って来られるような気持ちがいたします。

面影の日にいくたびかここかしこ笑《え》まいて在はす亡き父の顕《た》つ　　千佳子

執筆者紹介

坂東性純（ばんどう　しょうじゅん）
一九三二（昭和七）年生まれ。東京都出身。
真宗大谷派報恩寺住職。
現住所　東京都台東区

土井紀明（どい　のりあき）
一九四五（昭和二〇）年生まれ。大阪府出身。
真宗大谷派念仏寺住職。
現住所　西宮市小松北町

藤谷知道（ふじたに　ちどう）
一九四五年（昭和二三）年生まれ。大分県出身。
真宗大谷派勝福寺住職。
現住所　宇佐市大字四日市

井上初美（いのうえ　はつみ）
一九一六（大正五）年生まれ。大分県出身。
現住所　日田市中央

藤原千佳子（ふじはら　ちかこ）
一九四二（昭和一七）年生まれ。三重県出身。
真宗大谷派浄秀寺坊守。
現住所　能美郡川北町一ツ屋

「藤原正遠師を想う」執筆者

第一巻　正信偈

序　藤原正遠師の思想と信仰　池田勇諦
大法界を思うがままに　楠　達也
藤原正遠師と佐々真利子さん　藤原正寿

第二巻　法　話

藤原正遠師と共に歩んで　藤原利枝
はじめての正遠先生　柳沢　良
正遠先生、そして一ツ屋のこと　黒田　進

第三巻　法　爾一

信の風光―藤原正遠師のこと　金光寿郎
父を偲ぶ―念仏に生かされた人　三上正廣
正遠先生と「あや雲の会」　原　寛孝
地獄の下の阿弥陀さま　谷　栄子

一期一会の握手　助田小芳

第四巻　法　爾二

藤原正遠師と坂東報恩寺　坂東性純
藤原正遠師と私　土井紀明
遠く宿縁を慶びて　藤谷知道
恩師藤原正遠先生についての思い出　井上初美
第二の父　藤原千佳子

第五巻　歌　集

雪道行きつつ南無阿弥陀仏　西川和榮
「お与え」と「おまかせ」　林　貞子
自然を詠まれた詩に心を癒されて　依田澄江
想い出の父・正遠　藤原正洋

藤原正遠講話集　第四巻　法　爾二

浄秀寺の寺報『法爾』誌に発表された文章の中から、昭和六〇年から平成五年に発表されたものを年代順に収録しました。

昭和六十年（一九八五年）

無　生

私は子どもの時から、次々に人の生まれてくることが恐ろしかった。青年時代も同じく、心がいらいらして不安だった。何でだったかと今考えると、私の存在がおびやかされる気がしたのである。私を追い抜いて、次々と偉いものが出て、私を圧迫すると思っていたのである。

お念仏に摂取されると、だんだんこの恐怖から脱出させてくださった。

万物が大地から生まれ出て、また万物が大地に帰る。そのように、大法の世界から、人間が次々に生まれて、大法に帰る。一切は大法の活動である。お念仏がこのことを教えてくださって、どんなに次々と人さまが生まれ出ても、私は安心して見れることになった。

なんという広大無辺の大法のご活動だろうか。人間だけでなく、草一本まで、大法

の微妙なご活動に目を見張る安らかさと、荘厳さの中に、いま私は居らせてもらえることになった。

「衆生は、無死を願うが、仏は〝無生〟を教えて衆生を救済する」と言われるが、まことにお念仏のご功徳によって、それを知らせてもらった。

　いずれにも行くべき道の絶えたれば　口割りたもう南無阿弥陀仏

私はいよいよ老年になって、常に行くべき道を失って、行き詰まるのである。行き詰まるごとに、お念仏がお出ましになって、私中心の世界を、一念仏ごとに崩して、一切大法のご活動の世界を深めさせてくださる。

「障り多きに徳多し」の仰せの通りである。

去年の暮れに、欠礼のお葉書が五十枚近くきた。私の家は寺であるから、雪の日に死なれる方が多く、毎日のようにお葬式の続くことがある。私も大地に帰ることを、いやでも思わざるをえないのである。

　生きるものは生かしめ給う死ぬものは死なしめ給うわれに手のなし南無阿弥陀仏

死に方には、大法の思し召しのまま、種々多々あるが、みな大法に帰ったことに間違いはない。ただただ南無阿弥陀仏である。

　この世が大法の狂いないご活動一つと知れたら、過去もそうであったのだ。未来も

そうであるのだ。「三世の業障一時につみ消ゆ」との仰せの通りである。「つみ消ゆ」とは、大法のお仕事を「私」していた「私」がことごとく皆なくなることである。「無生」になったのである。

はじめから「無生」だったのである。その「無生」から、人間がこざかしく「無生」の中に、私の枠をつくって、自縄自縛していたのだ。お念仏がそれを解いてくださったのだ。いよいよ自縄自縛するごとに、お念仏はそれをご縁にして、いよいよ一切大法のご活動なることを深めさせてくださるのである。

ある若い未亡人がおられる。口数が少ないので、何を思っていられるか、皆目私には分からなかった。この間、私に色紙を書いてくれとたのまれた。

「何を書くのですか」

「先生におまかせいたします」

「字が下手で困っているのに、書く歌を私が考えるのは、二重の負担です。ここに私の歌集があります。その中から何か選んでください」

ペラペラと頁をめくって、数分ののちに示されたのが次の歌である。

称うれば痛み悲しみ罪けがれみな摂取され南無阿弥陀仏

それからその婦人の無口がかえってうれしく思える。

彼はもう七十歳であろう。彼の便りの一節である。

「『善知識になっていただきます』と申し上げましたが、全くおかしなことと思いました。しかし、そのおかげでございましょうか、私の歩みが止まったのです。いや止まらされたのです。先生の御教えによりまして、一切如来さまのお手の中のこととなったようでございます。

改めて御著五冊はじめから読み直し、『法爾』も読み直しています。そうして驚くやら、ありがたいやら、初めから弥陀同体のさとりの風光ばかりの説法に接しながら、私の安心、分別心に打ち過ぎしことのはるけさを思いますにつけて、ありがたくもったいない限りでございます。

わが念仏いまは棄たりて無上仏たまわる念仏申しいるかな

わがものというもの一つもあらざりき三世十方皆み手の中」

私の善知識

私を石川県のこの寺に入寺の仲人をしてくださった恩師林五邦大谷大学教授は、かつて次のように私に話してくださった。

「善知識は人には限らない。お聖教が善知識になってくださることがある」

と。六十年近くになっても、このお言葉を私は忘れることができない。私の善知識はまことに『歎異抄』第二条の「ただ念仏して弥陀にたすけられまいらすべし」である。私には特定の人間の善知識はいない。しかし、お聖教のお言葉には、上は大聖世尊より、七高僧、とくに法然上人、親鸞聖人、蓮如上人等々、このお聖教を御守護、伝統くださったお念仏の聖者方が、山の如く、海の如く、雲の如くましますのである。

大谷大学の二年の頃、可西大秀教授の「歎異抄の会」で、この第二条を拝読していなかったらと思うと、今は亡き林五邦師、可西大秀師の御面影が、にこやかに、生き生きと私の面前に浮かび出てくださるのである。

善知識も面々各々で、私の友人たちの中には、誰先生が私の善知識だと、その先生のおっしゃった一言一句にすがりついている者もある。それはそれで結構である。胸

の凝りが取れたらよろしい。

私には今、そういう意味で、特定の先生のないことを、一面誇りとも思っていることである。親鸞聖人は、

親鸞は弟子一人ももたずそうろう。そのゆえは、わがはからいにて、ひとに念仏をもうさせそうらわばこそ、弟子にてもそうらわめ。ひとえに弥陀の御もよおしにあずかって、念仏もうしそうろうひとを、わが弟子ともうすこと、きわめたる荒涼のことなり。

と『歎異抄』第六条に明記してある。

したがって、法然上人は親鸞聖人の善知識ではない。念仏をお勧めくださった発遣の師匠である。念仏をお勧めくださった方を善知識というのなら、法然上人は親鸞聖人の善知識でましょます。

その意味でなら、林五邦師、可西大秀師は、私の善知識である。しかし、ご両人は「ただ念仏して弥陀にたすけられまいらすべし」のご法語をお知らせくださった善知識であって、ご両人のご了解は、一つとして私の記憶にない。絶無である。

親鸞聖人は『教行信証』の「行巻」の冠頭に、

大行とは、すなわち無碍光如来の名（南無阿弥陀仏）を称するなり。

とある。『歎異抄』第一条には、

念仏もうさんとおもいたつこころのおこるとき、すなわち摂取不捨の利益にあずけしめたまうなり。

とある。同じく第二条に、

念仏よりほかに往生のみちをも存知し、また法文等をもしりたるらんと、こころにくくおぼしめしておわしましてはんべらんは、おおきなるあやまりなり。

と関東の同行に言い切ってある。また第十二条に、

経釈をよみ学せざるともがら、往生不定のよしのこと。この条、すこぶる不足言の義といいつべし。他力真実のむねをあかせるもろもろの聖教は、本願を信じ、念仏をもうさば仏になる。そのほか、なにの学問かは往生の要なるべきや。まことに、このことわりにまよえらんひとは、いかにもいかにも学問して、本願のむねをしるべきなり。経釈をよみ学すといえども、聖教の本意をこころえざる条、もっとも不便のことなり。

とある。

「現代相応の真宗でなければ駄目だ」とか「江戸時代の真宗は堕落しておる」とか、いろいろ言う人がある。お念仏は、時間空間、善悪浄穢、いかなる時代をも包んで、

私のあらゆる苦悩の元である意識の苦を摂取して、自由人にしてくださる大慈悲である。

「自信教人信」とは、私が摂取の信を得れば、即刻万人すべてが、大法弥陀仏の摂取の中にあった信を、お念仏は教えてくださるのである。私が法身の光輪に照らされれば、そのまま大衆が大法の中に統理されていることを教えてくださるのである。

南無阿弥陀仏の廻向の　恩徳広大不思議にて
往相廻向の利益には　還相廻向に廻入せり（「正像末和讃」）

往相は、お念仏のご廻向、ご摂取により、私は法身とお知らせいただくこと。還相は、往相の廻向により、あらゆる有情非情、草木国土がすべて、法身と見える目を頂戴することである。

ここに釈尊の「天上天下唯我（法我）独尊」「有情非情同時成道、草木国土悉皆成仏」と歓喜なさった「正覚」と等しい「等正覚」の世界のご廻向を頂戴したのである。

「ただ念仏して」の一行で、準備万端完了が、浄土真宗である。「念仏成仏是真宗」である。南無阿弥陀仏

ご安心

人生の生きがいとかなどではない。私は若い時から、ただ「安心」一つが欲しかった。そうして、今はお念仏の摂取をこうむり、安心させてもらった。

それは単なる有限の個人の安心ではない。有限の個人の安心は、賽の河原である。私の安心は、有限の安心、不安心を、そのまま摂取してくださっての大法の安心である。

念々、心の安らかな日もある。まことに手のつけられない不安心、苦悩の日もある。天気のようなものである。それをそのまま摂取してくださっている南無阿弥陀仏の大悲である。

今私は、人生の生きがいなど、毛頭もない。人生の生きがいなど、吹けば飛ぶようなものである。

如来の作願をたずぬれば　　苦悩の有情をすてずして
廻向を首としたまいて　　大悲心をば成就せり（「正像末和讃」）

年取れば取るほど、人生ははかない。人生は分からない。若い日の気負いも、今は

すっかりない。しかし、摂取の中で私は寂かである。若い人の気負いをとやかく言うのではない。私もずいぶん気負ってきたようだ。気負いも若い日の摂取の中である。

若き日に気負いしことも若さなり老えば老いたる寂けさのあり

老少善悪、すべてがご摂取の中と、南無阿弥陀仏は私に教えてくださった。まことに、お念仏は身も心も生み出してくださった母親を慕う子どもの心である。子どもは困るほど母親を呼ぶが、実は母親が摂取にくるのである。

お念仏も、私が称えるが、実は大宇宙のご生命の根元の南無阿弥陀仏さまが、困るほど、ご摂取にきて、私に安らぎをくださるのである。

私の四番目の兄は職業軍人であった。八十キロもある堂々たる体軀であり、泣き言一つ言ったことはなかった。戦争に出征して、病気になり、下関陸軍病院に収容された。私に報せがあったので行ったら、酸素吸入、点滴、一週間も不眠の重症であった。

私が院長に尋ねたら、あと一週間の命だろうと言う。

「兄さん、あと一週間の命だそうですが、安心ができていますか」

兄の顔は蒼白となった。

「安心ができていないようですね。自分で自分が始末がつかねば、阿弥陀さまに一切おまかせなさい」

私がそばで「南無阿弥陀仏、南無阿弥陀仏」と称えていたら、待っていましたとばかり、兄もお念仏を始めた。

今まで、お念仏のお話など、一度も聴聞したことのない兄である。ところが不思議なことに、お念仏しながら、兄は大鼾をかいて眠りだしたのである。

十五分くらいたって、パッと目を開けて、「ああ、楽になった」と言う。お念仏に、身も心も、まかせきったのである。しばらくして、

「いくら念仏しても、体の痛みがとれぬ」と言う。

「お念仏は、体の痛みをとる薬ではありません。宇宙万物、私たちをこの世に生み出し、またもとに収めてくださる大法界の親さまが、阿弥陀さまなのですよ」

それから四時間ほど経って、

「あまり体がひどいから、少し起こしてくれ」

と言う。姉が後ろから押し、私が前から起こそうとしたとき、兄の唇は真っ青になった。心臓麻痺を起こしたのである。

そうして、私の膝にうつ伏して、兄の息は切れた。

兄は、一遍のお念仏で、大法に完全に摂取されたのである。生まれる前から、死んで先も、一切は、たとえば水泡の如きである。水から水泡は生まれ、また水に水泡は帰る。

はじめから、この三千世界、宇宙の一切は、阿弥陀の活動体である。それを南無阿弥陀仏と、私に廻向してお知らせくださったのである。私一人がそれが分からず迷っていたのである。

ご摂取に遇った私は、万物がすべて阿弥陀仏の活動体からの所産と見える目をもらい、私はご安心をいただいた。

来し方も又行く方も今日の日もわれは知らねどみ運びのまま
生きるものは生かしめ給う死ぬものは死なしめ給うわれに手のなし南無阿弥陀仏

三十年前の私の歌であるが、今もまったくこの通りのご安心である。

諸仏に棄てられたお陰さまで

三年間寝たきりの、ある奥さんを訪ねました。

「家のものにさんざん苦労をかけますし、私も長い間寝たきりで、いっそのこと死んでしまいたいと思います」

私は正直に受けて、

「それでは、あの高いところから吊られたらどうですか」

「足が立ちません」と申されます。

「それなら、お孫さんに布団の下のお金一枚やって、納屋から農薬をコップに入れて持ってきてもらってはいかがですか。水を入れて飲めば、翌朝は死んでいますよ」

「おばあちゃんが自殺したと知れたら、孫が学校で友だちにいじめられるのでないかと思うと、今までそれも考えましたが、やっぱりできません」

「それでは、お念仏なさいませ」

「いくらお念仏しても、お恥ずかしいことですが、いつの間にか出てしまっています」

「お念仏は、垂れ流しを止める薬ではありません。いったい、私たちは、生まれる前から、生まれてからも、また死ぬことも死んだ先も、仏さまの大法のご活動の中にいるのです。その親さまが、南無阿弥陀仏となってお迎えに来ていられるのです。


子どもが友だちにいじめられてどうにもならぬと、身も心も生み出してくれた母親を〝お母さん〟と呼ぶように、八方塞がりの〝いずれの行もおよびがたき、地獄は一定〟の絶体絶命のところに、親鸞聖人さまも南無阿弥陀仏、南無阿弥陀仏と、お称えなさったのです。

一切は、阿弥陀さまのお命ですから、こちらの勝手に、生きることも死ぬこともできないのです。あなたの命ではないのです。仏さまのお命なのです。

まわりのものに棄てられ、自分で自分を棄てても、阿弥陀さまは〝私の命だから、苦しかろうけれど、私の与えた命の終るまで、どうか生きてくれ〟とたのまれているのです。お願いなさっているのです。

子どもが〝お母さん、お母さん〟と甘えるように、あなたも阿弥陀さまの懐の中で〝南無阿弥陀仏、南無阿弥陀仏〟と甘えてはいかがですか。身も南無阿弥陀仏、心も南無阿弥陀仏ですよ」

その奥さんは、私のたどたどしい話を、またたきもせず聞き入っておられましたが、ポロポロと大きな涙がこぼれて、やがてお念仏が、しきりに流れました。

それから私は、たびたびこの奥さんを訪ねることになりました。

この奥さんはインテリで、どこかの大学を結婚するので中途でやめられたと聞いています。

「諸仏に棄てられた、まったく助かる縁のないものを、阿弥陀さまだけは、地獄の底に待っていてくださって、お助けくださるということを、お陰さまで今、はっきり知らされました」

「私は若い時から、あちこちと迷い続けてきました。教会で讃美歌を歌って天国にあこがれたこともありました。寝たきりになって、天国は私に縁のないものとなりました」

「ある時、交通事故に遭いまして、そのとき熱心にお参りしていた学会の先生が『あなたは、ほんとうは死ぬのだったのですよ。神様のお陰で肩の骨を折るだけで助かったのですよ』と言われ、それから私はまた学会に熱心にお参りしました。しかし寝たきりになって、その神様とも縁が切れました」

「こっそり〝ころり観音〟にもお参りしたことがあります。ころりどころか、私は三年も寝たきりで、ころり観音さまにも見棄てられました」

「〝自分の業は、自分で受けて立つ〟との厳しい教えも受け、私なりに根かぎりやってみました。しかし、寝たきりになったら、もう駄目です。受ける力も尽き果てました」

「〝生かされて生きる〟という教えに、達者な時は、ほのぼのとしたものを感じていましたが、このごろは、いかにして死ぬかを考えてばかりいました」

「三年間寝たきりになりましたら、お念仏もどこかに吹っ飛んでしまいました。しかし、お陰さまで、お念仏に拾ってもらって、私は完全に助けてもらいました。あちこ

ちの諸仏に棄てていただいたお陰さまですね」

その奥さんは、先日亡くなりました。しかし私の胸の中には、その奥さんは生き生きと生き続けていられます。

昭和六十一年（一九八六年）

恩徳追想

昭和六十一年の元旦を迎え、私は八十一歳となった。もうお迎えが近いだろうから、ぽつぽつ整理しておかねばならぬと思う。何を整理するのか。

お念仏に摂取していただいた大悲と、今日までの恩徳の大慈の思い出である。

お念仏が口を割ってくださった動機は、今までたびたび申し上げたことである。

蓮如上人は「思案の頂上」と仰せられるが、私も思案の頂上に立たせていただいた幸せに、お念仏が口を割ってくださった。

いずれにも行くべき道の絶えたれば口割りたもう南無阿弥陀仏

これは、大谷大学卒業間際のことである。

「和子の死」という文や、また歌など、たびたび発表したことがあるが、九つの女の子の臨終四、五日前に、私がお念仏のお話をしてあげたら、和子は阿弥陀さまに摂

取されて、死の壁が取れてよろこんでくれた。私がお念仏のお話をしたのは、これが初めのようである。

私が入寺して結婚式の時、いろいろのご因縁で門徒さんたちが二派に分かれて大喧嘩となり、式場には仲人の先生と、私を送って来た九州の長兄と私と、三人だけになった。

「いったいこれは何ごとだ」と兄は言う。

「私にも分からない」と私は答えた。

その時、私は座を立って、後堂に行って柱にもたれているとき、ふっとお念仏が流れてくださった。そうしたら、私の心が落ち着いて、下腹にドシンと力が入ってきた記憶が今でもありありと思い出される。

私は大谷大学を卒業して約十年間教職にあった。横浜、横須賀、金沢、最後は松任高女に五年間勤めさせてもらった。

松任高女では、週に一回始業前に三十分間、作法室で勤行し、あとで短い法話をした。希望者だけであるが、いつも部屋いっぱいだった。先生方も何人か欠かさずお参りしてくださった。

それから、校長が私に修身の時間を持たせてくれたので、私はいつも「おあたえ」

のお話をした。その時の教え子が、もう六十歳近くなっているが、「おあたえ」のお話を柱にして今日まで生きてきたと述懐してくれる生徒さんが何人も居てくれる。「おあたえ」という声がどこからか聞こえてくると、お念仏がひとりでにこぼれて、心がほっと安らかになってくださるという。

終戦後、私はあちこちに法話のご縁をいただいた。その頃から心臓が悪く、発作をときどき起こした。

忘れもしないが、釧路の聞名寺という大寺で発作を起こしたことがある。寝室は奥御殿に床が敷いてあって、その部屋まで行くのに、いくつもの部屋を通ってゆく。だんだんと家の人たちと遠くなる。奥御殿は立派だが、私にとっては牢獄のようなものである。もし発作が起きたらという不安がある。

案の定、起きた。人を呼ぶのに、声が出ない。もし呼んでも、声の聞こえるところに人はいない。一分間に何百という鼓動。私は、ただただお念仏である。

無限にお念仏が私の口から流れてくださる。唇が動いているだけで、声にはなっていなかったであろう。両手は胸をさすりどおしである。五、六分たつと、ピタリと鼓動は止まり、体中が氷のように冷たくなる。脈はない。また四、五分たつと、脈がかすかに聞こえてきた。ただただお念仏の中に、私の頭の中は種々さまざまのことが走

り回る。

生きるものは生かしめ給う死ぬものは死なしめ給うわれに手のなし南無阿弥陀仏

昭和五十一年六月十九日に末娘が、幼い女の児三人をおいて、三十歳で他界した。「罪悪深重、煩悩熾盛の衆生をたすけんがための願にてまします」その『歎異抄』第一条のお言葉どおりの身に私をさせてくれたのは、この末の娘の死であった。

法界のなさしめ給うことなれば定めのままに南無阿弥陀仏

疲れたら帰りて来よとみほとけは喚び給いしかあわれ娘は逝く

その頃、私の体は極度に弱っていた。心臓の発作はいつも起きて、娘のことに心を寄せてやる余裕がほとんどなかったようである。あれから今日まで、夜中に一度は、この娘の面影がありありとあらわれてくる。私の口からは、ただお念仏が流れてくださる。娘に進歩もなければ退歩もない。いつも三十歳の娘である。ほとけである。この娘のほとけによって、ご廻向の念仏は私にとって唯一のものと深められた。

「念仏には義なきを義とす」との仰せが全く私に了解できた。

その頃、九州に旅行すると、必ず耶馬渓の羅漢寺に参詣して、私の探し当てた「娘のほとけ」にお参りしたものである。

今年もぜひ一度お参りしたいことである。合掌

二　益

もう十五、六年前か、『安心決定鈔』の中の「四種往生の事」のくだりの中に左のお言葉に触れて、私は慶喜した。泥中に金剛石を発見した感じであった。そうして、私の信心を確固なるものにしてくださった。

しらざるときのいのちも、阿弥陀の御いのちなりけれども、いとけなきときはしらず、すこしこざかしく自力になりて、「わがいのち」とおもいたらんおり、善知識「もとの阿弥陀のいのちへ帰せよ」とおしうるをききて、帰命無量寿覚しつれば、「わがいのちすなわち無量寿なり」と信ずるなり。かくのごとく帰命するを、正念をう、とは釈するなり。

のお言葉である。

さて、このお言葉の中で問題点になるのは、「帰命無量寿覚しつれば」である。いかにして覚するか。

清沢先生は、苦労して苦労して「自力無功」を信ぜられたところに、「如来を信頼するということになった」と、「我が信念」に記されている。

親鸞聖人は、二十年あらゆる難行苦行をなさったが、結果は「愛欲の広海に沈没して名利の太山に迷惑す」る自己しかなくて下山なさったのである。「いずれの行もおよびがたき身なれば、とても地獄は一定すみかぞかし」と、自力無効になればなるほど、罪悪深重、煩悩熾盛の三定死の身になられた。そこに、法然上人のお勧めのまま、お念仏にご摂取の身となられたのである。

親鸞におきては、ただ念仏して、弥陀にたすけられまいらすべしと、よきひとのおおせをかぶりて、信ずるほかに別の子細なきなり。(『歎異抄』第二条)

と明言あそばしている。

お念仏によって、阿弥陀のいのちにお帰りなさいとのお勧めである。親鸞聖人は万策尽き果てた場に立っていられたので、お勧めのままに、それを信じてお念仏あそばしたのである。

お念仏あそばしたというと、私がしたようであるが、万策尽き果てたところに、阿弥陀仏よりのご廻向によって、念仏しようというお心がおこられたのである。そこに、すぐさま阿弥陀仏のご摂取に遇われたのである。「わがいのちすなわち無量寿なり」の信が廻向なされたのである。

浄土真宗は「二益」といわれる。それは、自分の自力無効のところに、如来を信ずる

ことができたとすれば、それは、「一益」であろう。親鸞聖人はまず、弥陀の摂取をいただかれた、これがはじめの一益、それにより、「弥陀のいのち」に帰せしめていただかれた。これで二益になる。

生死の苦海ほとりなし　ひさしくしずめるわれらをば
弥陀弘誓のふねのみぞ　のせてかならずわたしける（「龍樹菩薩御和讃」）

煩悩具足と信知して　本願力に乗ずれば
すなわち穢身すてはてて　法性常楽証せしむ（「善導大師御和讃」）

『正信偈』に「顕示難行陸路苦、信楽易行水道楽」とあるように、ひとりで歩いて、弥陀仏の親もとまで帰るのは、まことに「難行」とある。お念仏に摂取されての大船に乗って親もとに帰らせていただくのは「易行」なりと仰せになっている。

「一益法門」というのは、聖道門をいうのであろう。

お念仏の浄土門は「二益法門」である。

地球は円いということが分かった。そうして太陽の周りを自転していることが分かった。そうすれば太陽は西に沈むが、翌朝になると東にお出でなさる。私が西方に向かって歩いたとする。そうして最後には、出発した場所に帰って来る。十万億回繰り返しても、今立っている出発点に帰る。

極楽は十万億仏土と聞きしかど　六字の他に一足もなし

のお歌があるが、お念仏は「即得往生」させてくださるのである。「わがいのちすなわち無量寿なり」の信知を賜わるのである。「機法一体の南無阿弥陀仏」と仰せられる所以である。

「一文不知の尼入道なりというとも、後世をしるを智者とすといえり」と『御文』さまにあるが、「後世」を前方にあると、二十年求道なさった親鸞聖人は、お念仏の摂取において、「後世」が、字の通り後に来たのではないか。自分の出所が、阿弥陀のお命と分かれば、この肉体が終るとき、水泡が水に帰るごとく、阿弥陀のお命に還帰するのは当然である。

本来、機法一体なのだから、往くも還るもないのであるが、出発が死後が気になって苦悩してきたのであるから、死後は、必然に無量寿のお浄土に帰ると決定したところに、安心が与えられる。安心が与えられたら、安心という言葉も当人にはない。

信心獲得せしめていただいたものに、もう信心という意識はない。ただご本願念仏のお陰のかたじけなさよばかりである。南無阿弥陀仏

不体失往生

阿弥陀仏という仏さまは、どんな仏さまなのか。

一体、この宇宙、三世十方永遠から永遠にかけて、一分一厘狂いのない大法がましますものである。その大法の活動が、その現象として、万物がまた永遠から永遠にかけて現来しているのである。生老病死然り、善悪浄穢然り、貪愛瞋憎すべて然りである。ところが、その大法の活動ということを信知しないで、自らが、有限相対の殻の中に閉じこもって、四苦八苦している衆生がいる、人間がいる、私がいる。そこに大法から、この苦悩の衆生を救済せんとして、たくさんの仏さまがあらわれてくださって、救済の手を伸ばしてくださっているのである。

阿弥陀仏は、その仏の中の一仏でまします。

智慧あるものは、その智慧を手立てとして救済してくださる。行動力あるものは、その行動力を手立てとして救済してくださる。苦悩しないものには、救済の用事はない。

大法の世界から言えば、救済を求めるものも、求めないものも、大法の表顕である

から、すべて大法の子なのである。千差万別すべてが大法の表顕、大法の子なのである。

さて、阿弥陀仏のこの世にあらわれ給うたご本願は何であろうか。

何かのご因縁で罪を犯し、警官に追われている人がいる。その人は、どうせ捕まるに決まっているが、捕まる前に、私を生んだ郷里の母親に一目会いたい心が湧くそうである。それで警察の人たちは、先回りして、その人の家の周りに張り込む。素人の警官は、その人が家に入る前に捕まえて、手錠をかける。古参の警官は、本人を中に入れて、ゆっくり母親と話をさせ、出て来たところを、家のものに分からぬようにして手錠をかけるそうである。

芥川氏の『蜘蛛の糸』の小説には、血の海の地獄でアブアブしていた極悪深重のカンダカが、生前一匹の蜘蛛を踏み殺さなかった。たった一つの善行があったので、お釈迦さまが極楽から一筋の蜘蛛の糸を垂らして救い上げようとなさる。カンダカは、その糸にすがって上りはじめる。上の方がだんだん明るくなった。これで地獄から抜け出せるのではないかと喜ぶ。ふと下を見ると、自分一人でも切れそうな蜘蛛の糸である。その糸にゾロゾロと血の海の仲間が上ってくるではないか。

「この糸は俺のものだ。みんな手を離せ」

と叫んだ瞬間、プツッとその糸は切れた。そうしてカンダカは、皆と一緒に元の血の海の地獄にまっ逆さまに落ちていった。

「ああ、たった一つの善行も無駄になった」

と、お釈迦さまの嘆声である。

善行を積み重ねて大法に帰る道もあろう。この小説は、その立場に立っての芥川氏の釈尊観である。

大法はおっしゃる。「もとの血の海に落ちたカンダカも、私の命から生まれた一人子である。なんとかして、このカンダカに大法の一人子であることを知らせて、救済したい」と。この大法の大誓願から、救済主としてお迎えに来てくださったのが、阿弥陀仏でまします。

カンダカは無救済の人である。極重悪人である。この地獄で浮き沈みしているのが、実は煩悩熾盛の私の姿である。

「極重悪人唯称仏」「ただ一声、お母さん、南無阿弥陀仏」と称えてくれと、阿弥陀仏は仰せになる。

親鸞聖人も、比叡山から下りてこられた時の心境は、このカンダカと同じであったろう。

「無縁の大悲」すがる一本の藁もなくなった。蜘蛛の糸は切れた。念仏称える力もない。そこに「弥陀の廻向のみ名なれば」とある。阿弥陀仏のほうから、お念仏を廻向くださって「南無阿弥陀仏」と称えさせてくださるのである。

「機の深信」といって、自分をいくら責めても、機の深信ではない。責めている私が残っている。機の深信など、こちらで分かるものではない。機の深信のところに、法の深信がいただけるなど、私の意識の中の戯論である。

「無縁の大悲」というが、救済絶無と言っている間は、言っている私がまだ残っている。

「臨終つきつめて」というが、まだつきつめてと言っている私が残っている。人の死ぬ時は、「臨終つきつまる」のである。それなら、命の終る時でなければ大悲に遇えないのかという。それも、臨終にならぬ私の命と思っている私の想像である。

「不体失往生」と親鸞聖人は仰せになる。肉体が死んでお浄土に参るというのも、私の意識の所作である。それで安心している人々は、まことにそれで立派である。問題はない。

「不体失往生」と、なぜ親鸞聖人は仰せあそばしたのか。

キリスト教の信者だったという国木田独歩が、臨終の時、祈る力も尽き、称える力

も尽き「ああ、このまま救われる救済はないか」と言われたそうである。

祈りもした。称えもした。一切の救済に棄てられた。そこに阿弥陀仏のご廻向の南無阿弥陀仏の大悲を説いてくれた善知識がましましたという。人間の人知の万策尽きたところに、大悲が阿弥陀仏より廻向された。不体失往生である。

われに手のなし

久々ぶりに上京した。坂東報恩寺さんのお盆の法話のご招待があったからである。七月十五日と十六日と。前日夕方Yさんが佐々さんから連絡があったとて、訪ねて来られた。Yさんとも全く久しぶりであった。帰宅したら、Yさんからのお便りが届いていた。

「……。私の一生で先生にお遇いできましたことを心から感謝をしております。父と姉の死の機会に、人の死について考えさせられるようになり、いろんな宗教のお話をうかがっても頭がタテに振れなかった私でしたが、先生のお話を聞いた途端、胸のつかえがおりた瞬間を、今でもはっきり思い出すことができます。でもこんなはずでな

いと生意気にも、先生に愚問を繰り返した記憶もあります。今は恥ずかしさでいっぱいでございます。しかし結局、『生きるものは生かしめ給う、死ぬものは死なしめ給う、我に手のなし、南無阿弥陀仏』が私の光となってくださったわけです。仏典とか、仏教語とか全然分からない無知の私ですが、このお言葉だけは、のみこめました。先生、ほんとうにありがとうございました。……………」

Yさんは長崎正遠会で、いつもお目にかかっていましたが、上京なさって、もう十年にもなるのでしょう。

翌十五日には、この四月、福岡の円照寺さんでお目にかかったNさんがお参りに来ておりました。

「どうして私がここに来ることが分かりましたか」

「円照寺の奥さんから連絡があったのです」

偶然にもそのNさんが仰せられるのに、

「主人が入院して、心がすごく痛んでいるとき、先生のお話の中に、先生のお歌の、『生きるものは生かしめ給う、死ぬものは死なしめ給う、われに手のなし、南無阿弥陀仏』をお聞きして、私の心が落ち着きました」

とのご述懐でした。

この歌で思い出すことは、四国のMさんのことです。「藤原さんの話は、ぬるま湯に入ったようなもので、何も心を打つものがない」とおっしゃって、私に会ってから後十年、あちこちの先生に聴聞を続けられた由です。ある先生には、遠近を問わず、幾日も宿をとっての熱心な聴聞生活だった由です。

ある時、私が四国に行って、一席目の時はMさんはまだお参りなさっていなかった由ですが、二席目の始まる前に部屋に入って、黒板を見たら、「われに手のなし」という言葉が消さず残っていた由です。講師は誰だろうかと思っていたら、出て来たのが、ぬるま湯の私だった由です。

それから十年以上も私の話を聞いてくれています。以前の十年間の聴聞、聴聞の連続の末に「われに手のなし、南無阿弥陀仏」のご摂取に遇われたのでしょう。あれから次々と病魔におかされ、交通事故に遭われ、最近は寝たきりのお姉さんのご看護です。まことに「われに手のなし、南無阿弥陀仏さま」です。

先日、福井勝山のTさんからのお便りです。

「前略、毎号の法爾と先生のお書物により、お念仏のご指導をいただいています。今私の心境は、先生のお歌の意味がやっと分かるようになりましたので、座右の銘として、死の最後に、床に掲げたいと思いますので、ご面倒でありましょうが、半折並べ

て掲げたいと思いますので、よろしくお願いします。

いずれにも行くべき道の絶えたれば　口割り給う　南無阿弥陀仏

地獄ぼとけに餓鬼ぼとけ　畜生ぼとけに修羅ぼとけ　南無阿弥陀仏で　みなほとけ

眼が悪いので乱筆お許しください。Ｔ生（八十七歳）」

私は新潟に行く前日だったが、旅行中死ねば書けないので、疲れていたが、乱暴な字だったが、書いて送った。

数日前、吹田市のＴさんから、深信について質問がきていました。

「……藤原の機の深信、法の深信は、次の歌の通りです。『いずれにもゆくべき道の絶えたれば』が機の深信、『口割り給う、南無阿弥陀仏』が法の深信です。いずれも、阿弥陀さまのご本願のご廻向です」

昨日、敦賀のある坊守さんからお電話で、

「去年の十一月、死ぬるか生きるかの瀬戸際のとき、私の口からお念仏が口を割って流れてくださいました。先生の『生きるものは生かしめ給う、死ぬものは死なしめ給う、われに手のなし、南無阿弥陀仏』のお歌が、浮かび出てくださいました。いや、浮かび出てでなく、私をパッと救いに来てくださったのです。それから、〃ただ南無

阿弥陀仏〃でございます」

と申されていました。

家のものは私に、「お手紙書きに、この世に生まれてこられたようなものですね」と言います。旅から帰りますと、お便りがたくさん待ってくださっています。もっと丁寧にと思うが、数が多いと、つい乱暴な字で、簡単なご返事になってしまう。

私みたいなものに、お便りくださることを心で合掌して、拝読しています。あちこちの旅行も、私みたいなものを待っていてくださると思うと、三か月の雪ごもりの中で私は、春を待ち、また夏を待ち、秋の再会を念じて待っているのです。

昭和六十二年（一九八七年）

悉皆成仏

「有情非情同時成道」「草木国土悉皆成仏」と、これは釈尊がお悟りを開かれたときの御慶喜のお言葉と聞いているが、このお言葉が私の胸にも成就しなければ、私は死んで行けぬのである。

しかるに、誠にありがたいことに、本願のお念仏のお陰さまで、この釈尊のお言葉に等しい世界を私の胸に成就させてくださって、私は全くの最上の幸せ者である。

親鸞聖人はこの本願のお念仏によって胸が開けられたお喜びを「如来大悲の恩徳は、身を粉にしても報ずべし」と、まったくお礼の申し上げようもないと仰せになっている。

この本願念仏を身をもって頂戴あそばされた師主知識のお勧めがあったればこそと「師主知識の恩徳も、骨を砕きても謝すべし」と、感恩の極みを、かくの如く仰せら

れている。

自分の力で悟りを開いたのなら、感恩はない。

親鸞聖人は二十年万行諸善をあそばしたけれど、いよいよ落ちこぼれて、比叡山を泣く泣く下りて来られたのである。泣く泣くなどは、まだ余裕がある。「いずれの行もおよびがたき身なれば、とても地獄は一定すみかぞかし」とは、全くの無救済である。「三定死」である。「往くも死せん」「還えるも死せん」「止まるも死せん」、そこに一筋の白道があるというが、一筋の白道があったら、三定死にならぬ。

親鸞聖人は「廻向する」のでなく「廻向したまえり」と仰せになっている。「廻向する」という間は、まだ私の欲楽を願っての二十願である。

散る時が浮かぶ時なり蓮の花

蓮の花は、萼を離れて散ったとき、池の法水に浮かぶ。

それなら私は、私の命を断ち切れるか。「障り多きに障り多し」で、いよいよわが命にすがりついて、まことに煩悩熾盛である。

そこに親鸞聖人は「廻向したまえり」と、み親の阿弥陀仏が、御みずから、摂取に来られ、ご摂取の身とおなりあそばしたのである。摂取あそばされたら、散らぬまま、煩悩熾盛のまま、法水に浮かばれたのである。まことに「廻向したまえり」のお喜び

である。そこに「障り多きに徳多し」と、まったく無救済まで落ちこぼれさせてもらったお陰さまで「弥陀大悲」のご摂取にお遇いあそばされたのである。

私はまったく「無縁」である。芥子粒を万分の一に裂いたほどの救済も私にはないのである。そこに阿弥陀仏のご摂取、「大悲」に摂取されたら「前念命終」「後念即生」のお言葉が、私の胸に成就するのである。単なる私の命と思っていた命は、無量寿の弥陀のお命の表顕と知らせていただくのである。私の命と思う思いまでが、無量寿からお与えくださった無量寿の弥陀のお命の表顕なのであった。

万物すべて、無量寿の大法界であり、大法界の活動体であるという眼を頂戴させていただいたのである。

「衆悪の万川帰しぬれば、功徳のうしおに一味なり」とあるが、私が帰するのでない。潮のほうから、衆悪の万川を摂取して、法水をもって一味としてくださる大悲である。

「機の深信」「法の深信」とあるが、ある人いわく、

「機を攻める。我が身の罪悪生死の凡夫を深く攻めたてることから、本願力を仰ぐという信境が生まれる」

と。このお方は、それでご安心ができておられればそれでよいのであるが、「機を攻

めた」という自慢が残るのではあるまいか。この方は及第生である。聖人は落第生である。

いったい、人生そのものが機に攻められどおしでないか。本願力を仰ぐなど微塵もない一日一日一念一念でないか。

三世十方のあらゆる仏たちが、罪悪のあるだけを見せてくれて、私をいよいよ地獄の底に落としてくださるのです。三世十方のあらゆる仏たちが、老・病・死のさまざまの姿を如実に見せて、私を地獄の極底に落としてくださるのです。

私個人の機の深信など、吹けば飛ぶようなものである。

一切衆生すべてが、地獄の極底に落ち果てたその下に、弥陀のご摂取がお待ちくださっていたのである。そこに、私の命を大法のお命と信知させてくださる「大慈大悲」のご摂取に遇わせていただくのである。

そこに人間の生も死も、「ほとけわざ」と信知させてくださるのである。草木国土みなことごとく「ほとけわざ」と信知させていただくのである。

「有情」を私は「煩悩」といただく。「非情」を「生死」といただく。煩悩も生死も同時に「ほとけわざ」である。

すべからく、私たちは口を開いてお念仏もうすことである。空念仏、結構である。

自力の念仏、結構である。欲楽念仏、結構である。そのうち、罪悪生死の諸仏の攻め苦に遇わせて「果遂の誓」までを万端用意あそばしている本願のお念仏さまである。

こちらが今から成仏するのではない。ご摂取に遇えば、無始已来宇宙万物、大法界のご活動「ほとけわざ」と信知させていただくのである。

「死にとうないのが、ほとけわざ」「死なねばならぬのがほとけわざ」これを信知させてもらったのを「必至滅度の願成就」というのである。摂取されて正定聚に住すれば、その功徳で「必至滅度の願」は即刻成就する。体が死んでではない。親鸞聖人は「不体失往生」と言い切っておられる。南無阿弥陀仏

法身の光輪きわもなし

「死んで仏になる」「死んで極楽に往生する」などと言われるが、これは肉体滅びてからというのではあるまい。この肉体を私の命と思っていた錯覚が信知されて、私の身も心も、光明無量・寿命無量の大法界のお命の表顕だったことを信知させていただくことをいうのであると思う。

「不体失往生」と親鸞聖人は仰せられる。肉体のある間に、極楽（光寿無量の不壊の世界）を信知されたご慶喜のお言葉でなかろうか。

「死んで悟りを開く」肉体滅びて何が悟りを開くのであろうか。死んで「魂がある、ない」などの話も、肉体存在中の想像ではないか。死人から連絡あったと信じて安心している人はそれでよろしい。

肉体のある間に、私というものが単にあるのでなかった。光寿無量の南無不可思議光如来の表顕であったことが信知できたら、これほどすばらしいことはないではないか。

蓮師は「仏法は無我にて候」と仰せになっている。無我とは、すべてが大法界の活動体ということである。無我が信知されたら、「有情非情同時成道」「草木国土悉皆成仏」の眼を頂戴させていただくのである。三世十方、尽十方無碍光如来の荘厳界と見せていただくのである。

この大地が「仏物」である。現在この大地が仏物になっておらねば、肉体滅びて安心して大地に帰れないではないか。灰が「仏物」になっていなければ、火葬された私の灰は、空転して、帰るところがないではないか。鳥葬然り、水葬然り。

三世十方、無始無終の無量寿如来の御思し召しで、私はこの世に生を享け、今もそ

のほとけの荘厳の中に息をしている。その荘厳の中に、食えば食うほど、老いぼれて、やがて「仏物」の死骸となり「仏物」の大地に還る。

「運命」とは、小松の某氏のご教示の如く「ほとけさまのお運びのお命」と読むのである。

「宿業」とは「ほとけさまの私に宿ってくださっているおはたらき」と読むのである。

さて、親鸞聖人のご和讃に、左のお言葉がある。

悪性さらにやめがたし　こころは蛇蝎のごとくなり
修善も雑毒なるゆえに　虚仮の行とぞなづけたる（「愚禿悲歎述懐」）

無慚無愧のこの身にて　まことのこころはなけれども
弥陀の廻向の御名なれば　功徳は十方にみちたまう（「正像末和讃」）

私は思う。「やめがたし」どころの騒ぎではない。人類ほど大悪性のものはない。あらゆる万物を犠牲にして、自らの生きるためにのみ、ひたすらである。

蛇は蛙を呑んでも、明日の食物の用意はしない。リスは冬眠中の食物をいささか用意するに過ぎない。

人間はいかがであろうか。まことに罪悪深重である。しかも人間同士が奪い合い殺し

合って、自らの生命を保持するために余念がない。

さて、実はこれは人ごとでなかった。三世十方の罪悪深重の諸仏たちが、正遠に内在しているこの罪悪深重を暴き出して、念々刻々目に見せてくれて、私を地獄の極底にたたき落としてくれるのであった。

「修善も雑毒」とは、どういうことなのか。「善いことをする」というのは、うまく世渡りをするエゴである。「積善の家に余慶あり」の言葉は、善いことをすれば、善いお返しがあるというのである。「道徳」は、エゴの人間同士が、お互いにより善く自己保存をしようというエゴの約束ごとである。

盗む、殺す、嘘をつく等の悪い行為は、最も下手なエゴの持ち主である。まことに「修善も雑毒」ではないか。

しかし、哀れなるかな。万物を犠牲にして、最上のエゴを実践しても、あらゆる弱肉強食をしても、弱者も強者も、加減なく念々刻々一人洩らさず火葬場行きの道中である。道中どころか、昨日も車の衝突で一瞬に六人の命が消えた。いったい、私はどこに安心の場を持っているのであろうか。

「生かされて生きる」という言葉も、今私に魅力はない。生かされて毎日老衰し「生かされて殺されている」。

私の助かる縁は皆無である。無縁である。しかし、ありがたきかな。無縁のところに大悲のお念仏に私は摂取していただいたのである。無慚無愧の無救済の私に「弥陀廻向の南無阿弥陀仏」がご摂取に来てくださったのである。

親鸞聖人は「廻向したまえり」と仰せになる。地獄の極底に、親鸞聖人はご摂取にお遇いあそばされたのである。

大法界に、善悪浄穢はない。すべてが大法の荘厳界である。

有限相対の枠の中に四苦八苦している衆生をみそなわして、地獄の極底に大手を拡げてお待ち受けくださっていた阿弥陀仏でまします。

「唯除五逆誹謗正法」と、自力の念仏にも棄てられた全く無救済の子を、大法界から姿をとって阿弥陀仏の大悲のみ親は摂取に来てくださったのである。

いよいよ「世の盲冥のところ」に「法身の光輪」阿弥陀仏の母性愛は、まことに「きわもなし」ではないか。

大悲のご摂取を頂戴したら、如来から賜った最上にエゴを我々は最上に実践してゆくことが、そうして人生をいよいよ明るくさせてもらうことが、最上の喜びと私は愚考するのである。合掌

平等覚に帰命せよ

解脱の光輪きわもなし　　光触かぶるものはみな
有無をはなるとのべたまう　　平等覚に帰命せよ

これは「讃阿弥陀仏偈和讃」の三首目である。阿弥陀仏の摂取の光輪は、三世十方きわもなく光明の中に摂め取ってくださる大慈悲である。この阿弥陀仏の光明の摂取に遇ったものは、すべての有無を離れさせて、大自由人としてくださるのである。いったい我々人間は、いつも有無の枠の中で四苦八苦して悩み苦しんでいるのである。善と悪、浄と穢、生死と煩悩等々である。

「平等覚に帰命せよ」とは、阿弥陀仏の大悲の摂取に遇って、有無を離れさせてもらえとの仰せである。

親鸞聖人は二十年の間、有無の枠の中で四苦八苦なさったが「いずれの行もおよびがたき」ところに「ただ念仏して、弥陀にたすけられまいらすべし」との法然上人のお勧めのままに、お念仏申されたところに、摂取不捨のご利益をいただかれたのである。

そうして「有無の世界」から解放していただかれたのである。解放されるというのは、善悪、浄穢を取るのではない。阿弥陀仏の摂取の中の善悪、浄穢となさしめられたのである。

煩悩を取るのではない。摂取の中の煩悩である。「煩悩を断ぜずして涅槃を得」との仰せの通りである。

生死を滅するのではない。生も摂取の中、死も摂取の中。これを生死即涅槃と仰せになる。小さな花も大きな花も摂取の中である。頭の悪いのも善いのも摂取の中である。努力するのも怠けるのも摂取の中である。怠けず努力せよと叱咤の中である。

有情、非情、すべて摂取の中である。草木国土、宇宙一切が摂取の中である。

「摂取の中」と思うのではない。「摂取の中」なのである。「摂取の中」と思うのも、また摂取の中である。

「念仏成仏是真宗」というのは、念仏しようという心の起こったとき、摂取不捨のご利益を頂戴して、すべて有無のあったまま、摂取の掌中に摂めて安心させてくださるのをいうのである。我々の思う安心ではない。安心、不安心を摂めてくださった安心である。

「死にたくない」「いつ死んでもよい」、どちらも平等に摂取してくださる大慈悲で

ある。

「ただそれ絶対無限に乗託す。故に死生の事、また憂うるに足らず」という先師の鏡がある。この鏡に照らされると「絶対無限に乗託す」と言われるのと「摂取不捨の利益」との差異がはっきりと知らされる。

「摂取不捨の利益」は、善も摂取してくださる。悪も摂取してくださる。死生のことに、真っ青になって憂うることも、受け入れてくださる。

追放可なり。獄牢甘んずべし。誹謗擯斥許多の凌辱豈に意に介すべきものあらんや。我等はむしろ、ひたすら絶対無限の我等に賦与せるものを楽しまんかな。

と仰せになる。

阿弥陀仏の摂取不捨のご利益は、追放はまっぴらだという心も、牢獄など甘んじられぬ心も、誹謗擯斥許多の凌辱に対して、夜も眠られぬビクビクの心も、そのまま摂取してくださる大慈大悲のお念仏である。

称うれば痛み悲しみ罪けがれみな摂取され南無阿弥陀仏

生死は全く不可思議なる他力の妙用によるものなり。しかれば我等は生死に対して悲喜すべからず。

と仰せになる。摂取の大悲は悲も喜も、そのまま受け入れてくださる。

弥陀仏の摂取の中の悲喜なれば、泣きつ笑いつ浮きつ沈みつ

独立者は常に生死巌頭に立在すべきなり。殺戮餓死固より覚悟の事たるべし。すでに殺戮餓死を覚悟す。もし衣食あらばこれを受用すべし。尽くれば従容死につくべきなり。

と仰せになる。「摂取の大悲」の中には「生死巌頭に立在する」必要さらさらなし。また立在してもよろしい。「殺戮餓死の覚悟」などさらさら必要なし。覚悟するものはしてもよろしい。「従容として死につく」必要さらさらなし。狂乱して死んでも摂取の中である。「狂乱往生」のお言葉がある。

そう窮屈に力まんでもよろしい。力んでもよろしい。

摂取の中には「うなずく、自覚する、頭が下がる」などの言葉は要らない。明日の命を夢想しての言葉ではないか。一息吸うて、次の息の保証できぬこの身が、何をうなずくのであろうか。自覚するのであろうか。どんな頭を下げるのであろうか。

一息が永遠のいのちと知らされて三世十方闇晴れにけり

南無阿弥陀仏

三世の業障一時に罪消ゆ

蓮如上人の『御文』の五帖目六通に、

「不可称不可説不可思議の功徳」ということは、かずかぎりもなき大功徳のことなり。この大功徳を、一念に弥陀をたのみもうす我等衆生に廻向しましますゆえに、過去未来現在の三世の業障、一時につみきえて、正定聚のくらい、また等正覚のくらいなんどにさだまるものなり。

とある。いったい人間の苦悩は、「如来業（如来のおんはたらき）」を、「私の業」と思い誤って、自縄自縛して四苦八苦しているのである。

問題は、私の業は、実は如来の業だったと信知させてもらうことよりほかに道はない。

釈尊も私の業と思って、その業の始末のつかぬところに出城なさったのである。私の生死、私の煩悩。この生死と煩悩の板挟みになって苦悩なされたのである。あらゆる罪悪の限りを尽くして生きようとしても、念々私の命はすり減らされて白骨が待っているのである。釈尊の周囲の三世十方の諸仏方が、四苦八苦の姿を現に目に見せて、

釈尊を強迫したのである。

「生死と煩悩の板挟み」この鉄則は、「勤苦六年」あそばしても、釈尊は、絶対破ることができなかったのである。

ここに「大法界」の如来よりのみ声が届いたのである。

ここに「私の業」は微塵もなかった。一切は「如来業」の信知をいただかれたのである。

ここに「生死は如来業」「煩悩は如来業」と、転成させてもらわれたのである。

ここに「生死即涅槃」「煩悩即菩提」と、このまま問題を解決してもらわれたのである。

「弥陀成仏のこのかたは、いまに十劫をへたまえり」とあるが、十劫の修行の末に成仏なさったのだと初めは思うのであるが、実は十劫かかっても「生死と煩悩の板挟み」の鉄則は破れぬというところに、十劫の前から、そのまま大法界の中にあったことの信知である。

弥陀成仏のこのかたは　いまに十劫とときたれど
塵点久遠劫よりも　ひさしき仏とみえたまう

と「大経和讃」にある如く、久遠劫のはじめから大法仏でましましたのである。

明来り闇去りませし釈尊の第一声が南無阿弥陀仏

釈尊もここに大法仏となられたのである。はじめから大法仏だったのである。ここに大法仏の釈尊は、阿弥陀仏の代官となって衆生済度の出発がはじまったのである。「弥陀をたのめ。弥陀の親元に帰れ。弥陀の摂取にあずかれ。お母さん、南無阿弥陀仏と称えて、親元に帰れ。帰る力のないものは、阿弥陀仏のご本願であるお念仏がご摂取に来てくださる。親のほうから摂取にきてくださる大悲が南無阿弥陀仏であるよ」と。

二十年修行不可能のところに、弥陀のお念仏のご摂取に遇われたのが、わが親鸞聖人でまします。また蓮如上人でまします。我々の先祖である。

「過去・未来・現在の三世の業障一時に罪消ゆ」とは、私の業と思い誤っていた時は、業から逃れようという業障に責めたてられていた。

絶体絶命のこちらに、助かる縁の全くない地獄一定の責め苦のところに、阿弥陀仏のご摂取がお働きくださったのである。

そうしたら、「一念」のところに三世の「私の業」は、弥陀に摂取されて「如来業」とせしめていただいたのである。私の一切の業は、如来からの出生だったのである。

「一時に罪消ゆ」とは、如来業を私の業と泥棒していたのが業である。如来業を知らなかったのが罪である。この罪がご摂取により、一時に如来業と教えてくださって、一時に罪が消えたのである。そこに私は「無生の生」「無作の作」如来の国より生まれ、現に如来の息をして、いずれ如来の決定なさった同時に、如来の国に帰るのである。

一切三世十方が、如来業だったことを信知させてもらったのを、「正定聚に住す」と言われるのである。これが信知できると、信知したものも、せぬものも、みな有情非情、草木国土摂取の中にあり、正定聚に住している眼を頂戴するのである。自利利他であり、悉皆成仏である。

「等正覚の位なんどに定まる」とは、自分の修行のありたけを尽して、自力無効のところに直接如来の声を聞いたのを「正覚」という。いくら修行しても、自力無効になればなるほど、罪悪深重、煩悩熾盛にさいなまれて、如来の声など全く聞こえない。地獄一定の底に弥陀の摂取をいただき、正覚に等しい如来業の世界をお知らせいただいたのを「等正覚」と言う。

弥陀の誓願不思議にたすけられまいらせて、往生をばとぐるなりと信じて念仏もうさんとおもいたつこころのおこるとき、すなわち摂取不捨の利益にあずけしめ

たまうなり。（『歎異抄』第一条）

親鸞聖人は、関東の同行たちに「念仏よりほかに往生の道を存知せず」と言い切られたのは、親鸞聖人のご体解のご歓喜から噴出したお言葉である。ちなみに「往生の道」とは、如来の親元に帰る道である。如来業を信知させていただく道なのである。

たのめとは助かる縁のなき身ぞと教えて摂取す南無阿弥陀仏　合掌

復活

キリスト教で、アダムとイブが、知恵の実を食べて、天国から追放されたという話を聞いていますが、この話から推察すると、二人の出たところは天国からということです。

『安心決定鈔』の中に、

しらざるときのいのちも、阿弥陀の御いのちなりけれども、いとけなきときはしらず、すこしこざかしく自力になりて、「わがいのち」とおもいたらんおり、善知識「もとの阿弥陀のいのちへ帰せよ」とおしうるをききて、帰命無量寿覚しつ

れば、「わがいのちすなわち無量寿なり」と信ずるなり。

という言葉があります。このお言葉からすると、私たちの出たところも、無量寿の阿弥陀のお命から出ていることになります。

キリスト教から言えば、出所は神の国、仏教から言えば、阿弥陀の命から出所している。同じですね。

そうすると、私たちの問題は、知恵の実を食べて追放されている私たちが、いかにして神の国に帰るか。こざかしく自力になって「わが命」と思って迷っている私たちが、阿弥陀の国（浄土）にいかにして帰るかということに要約されることになるわけです。

親鸞聖人は、関東からはるばる訪ねて来た同行たちに「ひとえに往生極楽の道を問い聞かんがためなり」と、要点を押さえておられます。

私は「往生極楽の道」は、前方に進むように以前は思っていましたが、実は迷い出ている私が、親元に後戻りすることですね。「還帰極楽の道」と言ったほうがよいかもしれません。

「往生」という言葉を辞典に見ると、「弥陀の願力によって、現世を去って浄土に生まれること」「死ぬこと」「物事のどうにもならぬこと」と載っています。

これは全く私見ですが、キリストは前進しようとされたが、後戻りさせられて、親元の神の摂取に遇われたのを「復活」と言われるのではないかと愚考されます。どういう道程で復活なされたのか。キリストが十字架にかけられたとき、神は十字架から下ろしに来てくださると思っていられたのではあるまいか。

石をパンになさったり、水を葡萄酒になさった話があります。超々能力も間に合わず、神に救いをお求めになりました。

「神よ、我を助け給え」と。しかし神は無言でした。最後に「神は我を見棄て給うか」と、神はまた無言でした。

キリストは、超々能力が間に合わず、神にも見棄てられました。しかし、この神は「化神」だったのです。化神に見放されたところに、「真神」のご摂取に遇われ、天国に還帰なされたのです。「復活」とは、人間界に迷い出ていたキリストが、真神の無量寿の親元に還帰なさったことを言うのではないかと愚考するのです。

これと同じく「三願転入」も同じ道程だと思います。

私たちは「真仏」から出てきているのです。阿弥陀のお命から出てきているのです。今現に「真仏」の弥陀の掌中にいるのです。しか、十万億仏土迷い出ているので、それが私たちに分からない。

親鸞聖人も二十年間、真仏の中にいて、化仏を前方に求めて、難行苦行なされたのでないでしょうか。しかし、前方の綱は切れて、比叡山を下りて来られた。そうして、ひたすらお念仏なされた。比叡山にあっても念仏三昧であったと聞く。化仏をさがして懸命でありました。親鸞聖人にあれだけの「疑惑和讃」のご製作のあるのは、親鸞聖人ご自身、化仏を前方にお探しになった証拠ではないでしょうか。

親鸞聖人は、二十年の自力の修行に見放され、また化仏に見棄てられ「無縁」のところまで押し戻されなさったのです。

「いずれの行もおよびがたき身なれば、とても地獄は一定すみかぞかし」の無救済のところに、「ただ念仏して」真仏のご摂取にお遇いなされたのではないでしょうか。真仏よりの「廻向」のご摂取により、親元の御ふところに「復活」あそばされました。

南無阿弥陀仏の廻向の　恩徳広大不思議にて
往相廻向の利益には　還相廻向に廻入せり（「正像末和讃」）

釈尊は、勤苦六年にて正覚なされたのではない。六年勤苦しても、兆載永劫修行しても、大法界の鉄則は壊されない自力無効のところに、天来よりの大法界のほとけの声が聞こえて正覚なさったのです。親鸞聖人は二十年勤苦なさっても天来の声が聞こえなくて、地獄一定の場にて、ご誓願の阿弥陀仏のご摂取によって、おのずからに天来の声を

聞かれた釈尊と等しい「等正覚」の世界のご廻向をいただかれたのです。だから、そのご誓願のお陰さまを、

如来大悲の恩徳は　身を粉にしても報ずべし
師主知識の恩徳も　ほねをくだきても謝すべし（「正像末和讃」）

と仰せになっています。「三誓偈」によりご成就あそばされた本願念仏に対しての大感謝、大歓喜です。

禅宗は正覚でしょう。浄土真宗は、等正覚です。

無慚無愧のこの身にて　まことのこころはなけれども
弥陀の廻向の御名（南無阿弥陀仏）なれば　功徳は十方にみちたまう（「愚禿悲歎述懐」）

「天上天下唯我（法我）独尊」「有情非情同時成道」と「功徳は十方にみちたまう」とは、全くの同義です。南無阿弥陀仏

六種往生

聖徳太子御作『十七条憲法』の第二にいわく、

篤く三宝を敬え。三宝とは仏・法・僧なり。すなわち四生の終わりの帰、万の国の極めの宗なり。何の世、何の人か、この法を貴びずあらん。

とある。「四生の終帰」は三宝とある。万物の生まれ出るところの、胎生、卵生、湿生、化生の四生が、三宝から出生していると言われるのである。

仏・法・僧の三宝は、第一は大道体解、第二は深く経蔵に入りて智慧海の如し、第三は大衆統理である。それで、万物はすべて大道（大法界）から出生していると言われるのである。

たとえば、無限の電源から、電灯も電力も、テレビ、ラジオも、暖冷房等々、すべてが出ている如く、この宇宙、地球も天体も一木一草にいたるまで、すべて大法界の根源から出生していると言われるのである。

だから私たちは三宝、大法界の原点に還帰することよりほかに心にほどける、すなわち仏心を得ることはできぬというのである。

では、いかにしてこの大法の原点に帰るのか。

聖道門は深く経蔵に入りて原点に帰る。浄土門はありがたきかな。「念仏成仏是真宗」である。

私の如く凡愚底下の者を、この大法の原点に帰らせてやろうという大慈大悲の「本願念仏」の大誓願がご用意されていたのであった。私は若い日よりお念仏が口を割ってくださっていた。そうして今、おのずからに大道を体解させていただいたことを最上の幸せと歓喜していることである。

三世十方南無阿弥陀仏に収まれり　あなたもわたしも草も木も亦

私が大法から出生していることを信知させてもらったら、三世十方がすべて大法からの出生と見える眼を頂戴した。

「大衆統理」と私が統理するのではなく、大法の中に一切が統理されていたのであった。私はこれで全く安心できた。あなたも私も草も木も大法に完全に収まっていたのである。

親鸞聖人は、『歎異抄』後序に、

弥陀の五劫思惟の願をよくよく案ずれば、ひとえに親鸞一人がためなりけり。されば、そくばくの業をもちける身にてありけるを、たすけんとおぼしめしたちけ

る本願のかたじけなさよ。

と仰せになる。

問題は、全く正遠一人にあったのだ。周囲の諸仏が、生老病死のあらゆる悲しい姿を私の眼に見せて私を強迫してくださっていたのであった。「そくばくの業」というのは、私自身は無論のこと、三世十方の諸仏方が、私をがんじがらめにして身も心も念々窒息まで追い込んでくれたのであった。

この地獄一定の場に「明来闇去」法身の光輪きわもなく私を摂取に来てくださったお念仏でましました。

善導大師は「自身はこれ現に罪悪生死の凡夫、曠劫よりこのかた常に没し常に流転して、出離の縁あることなし」と仰せになっている。まったく出離の縁がないのである。罪悪（煩悩）と生死の板挟みに、ただただ私は沈み、流転しているのである。まったく無救済の身である。

「曠劫よりこのかた」というのは、私だけでなく三世十方のすべての人類がということである。

しかし、ありがたきかな。南無阿弥陀仏に摂取していただいたら、私は大法中のまぎれもない法身だったのである。また万物がすべて法身だったのである。

そうすると「娑婆即寂光土」のお言葉も頂戴できる。「このままの救い」とは、このことだったのだ。

名号不思議の海水は　逆謗の屍骸もとどまらず
衆悪の万川帰しぬれば　功徳のうしおに一味なり（「曇鸞和尚和讃」）

大光明の潮が、万物を摂取してくださったのである。「凡夫がほとけになる」とは、このことだったのだ。

「四種往生」の御聖語がある。「正念往生」「狂乱往生」「無記往生」「意念往生」というのである。私はこの四種往生になお二つの往生を追加したいのである。それは「自死往生」「焼死往生」である。

私の最も親しかった信友の女性が、まだ自殺か他殺か分からぬそうだが、ガソリンで焼死体として見つかった。当日、彼女は友人と同級会の打ち合わせのことで楽しく語り合っていられたとのことである。私はこの女性が助からねば、私が助からぬのである。すべては如来のおはからいである。すべてのものが如来から出生し、如来のお決めあそばした何年何月何日何時何分何秒に、如来の仰せのままの死に方で、万物すべては如来のもとに帰るのである。

この女性も、如来の仰せのままの死に方で如来のもとに還帰なさったのである。

如来の世界に善悪浄穢はない。あっても摂取の中である。如来大命中のことである。私が如来の摂取をいただいたら、今、肉体の死を待たず、正念往生も、狂乱往生も、無記往生も、意念往生も、自死往生も、焼死往生も、すべて一切大法の完全なるお与え、完全なる思し召しであることを、私は信知させていただいたのである。

　朝顔は凋みて往生　桜ばな散りて往生　大悲のみ手に
　自死したる君も往生　焼死せるあなたも往生　大悲のみ手に

　　南無阿弥陀仏

昭和六十三年（一九八八年）

「救いはないぞ」の救済

かつて私は、

生きるものは生かしめ給う死ぬものは死なしめ給う我に手のなし南無阿弥陀仏

の歌を詠んだことがある。この「我に手のなし」というのが「救いはないぞ」のお声である。まったく無救済のところに阿弥陀仏の摂取が働いてくださって、「生きるものは生かしめ給う、死ぬものは死なしめ給う」と発言させてもらったのである。

「無縁の大悲」というお言葉を、依頼されると私はよく書く。「無縁」とは「救いはないぞ」ということである。そこに大悲の南無阿弥陀仏がご摂取に来てくださるのである。

以前夜中にたびたび心臓発作が起きた。やがて治まると、体が冷たくなる。そのとき「救いはないぞ」のお声が聞こえてきて、私はただお念仏している。

最近、胃腸の具合が悪くて、昨夜非常に痛んだ。やっぱりこれは胃ガンでないかの思いに強迫される。「救いはないぞ」のみ声で、おのずからお念仏していて、私の心は摂まる。

八十三歳にもなると、次々に友だちが死んで、私の死を、いやおうなしに思わせられる。「救いはないぞ」のみ声で私の心はおさまる。

腹が立って、どうにもならず持てあます。「救いはないぞ」のみ声で、腹の立ったままおさまって、私の心の中で、お念仏がお出ましになっている。

次々に仕事がたまって、部屋中は雑然として、頭が破れそうになる。「救いはないぞ」のお声が響いてくださると、お念仏とともに心はおさまり、「なんとかなるわ」の心を廻向してもらって、寝ころびさえ与えられる。

　整理する心を棄てて安らえり　花園の如し雑然の部屋

そんな時の歌である。

　たのめとは助かる縁のなき身ぞと　教えて救う弥陀のよび声

お念仏は私の自由を完全に殺して、如来のご活動の世界に転入させてくださるのである。

譬えば鴆鳥水に入れば、魚蜯ことごとく死す。犀牛これに触るれば、死する者み

な活えるがごとし。（「真仏土巻」）

のお言葉があるが、念仏はそれを念々私の上に実践してくださるのである。

「救いがある」のなら、あったり、なかったり、若存若亡である。「救いのない」のなら、地獄の下の阿弥陀仏のふところまで一本道である。「救いのない」のが救いとは、まったくありがたい極みである。

昨日も電話でのお話である。

「あれだけ親しい〇〇さんが、私を見て『あなたはどなたですか』と言われて、私はびっくりし、また私の姿を見せてくれていると思うと悲しくなりました」と。

「救いはないぞ」「ボケぼとけ」である。

韓国の大統領の選挙で騒然であった。先日は日本も総理大臣になられるのにやかましいことであった。テレビは毎日毎日、困ったことばかりの連続である。また航空機の墜落で乗客全員死亡である。また船舶は海中深く全員乗せたままの沈没である。

「救いはないぞ、救いはないぞ」のみ声が、私の心によび続けてくださるところに、私はテレビを正視させていただける。

前に「六種往生」と書いたが、六種にかぎらず、「墜落往生」もあれば、「沈没往生」もあり、百種往生である千種往生であり、万種往生であり、すべて大法から出生し、大

法に還帰するのであるから、その還帰の方法も、如来の思し召しのままである。

死期の迫った方々からよく電話がある。「何か一言教えてください」と。私はいつも同じ答えである。

「無量寿の国から来たのであるから、必ず無量寿の阿弥陀仏のみもとにかえります。水泡は水から出たのだから、もとの水に帰ると同じです。それで、さびしかったら、その親さまのお名前を『お母さん、南無阿弥陀仏』とお称えなさい」

と。「なんでそんなことが言えますか」と問う人がある。私は答える。

「いよいよお前に『救いはないぞ』のみ声を、五十年聞かせていただいたら、一切自然法爾の世界を、おのずからに信知させていただいて、かくの如く言い得るのです」と。

「それでは、あなたは、平然と死ねますね」

ボケで死ぬのも如来の大命、自死も、事故も、焼死も、狂乱も、如来の思し召しである。「死にとうない、死にとうない」と、私はばたばたして死ぬように如来はお決めあそばしているかもしれない。悉皆成仏である。一切ほとけわざである。今から成仏するのではない。一切無量寿から一糸乱れず出生しているのである。

今年の年賀状に、

花もほとけ　人亦ほとけ　春の日にさえずる鳥もみなほとけなり

「救いはないぞ、救いはないぞ」のみ声の蓄積が、この歌を詠ませてくださったのである。

み運びのまま

『歎異抄』の第十二条に、

他力真実のむねをあかせるもろもろの聖教は、本願を信じ、念仏をもうさば仏になる。そのほか、なにの学問かは往生の要なるべきや。

とある。要は「本願を信じ、念仏をもうさば仏になる」の一点である。では「本願」とは何であるか。

絶対無限の永遠不変の真実を悟られた仏が、私ごとき愚昧な有限相対の枠の中で四苦八苦しているものを哀れに思われて、なんとかして、しかも簡単な方法で、絶対無限の法界の身であり、心であることを知らせて助けてやろうというのが弥陀の本願である。大悲の誓願である。

簡単な方法というのは、子どもが困り果てると、身も心も生んでくれた母親を「お

母さん」と、よぶように、光明無量、寿命無量の大法界から、方便法身としてお迎えに来てくださった万物のみ親阿弥陀仏を「南無阿弥陀仏」と、よんでくれとおっしゃるのである。

子どもは、無意識に身も心も生んでくれた母親を「お母さん」とよぶのであるが、すでに信じているから、よぶのである。ほかの女性を決して「お母さん」とはよばない。

その如く、私の口から、お念仏が出たということは、阿弥陀仏を信じていたからである。

妙薬の広告だけをいくら耳にしても効き目はない。飲まねばならぬ。本願のいわれを、いくら聴聞しても、称えなければ効き目はない。

でも、「空念仏」とか「自力の念仏」とかいうではないかとの質問が出る。そんなことは、あとで分かることで、称えられる身になったことが最上であり、必ず仏になれる。

念仏しようという心の起こったとき、すでに摂取の利益にあずかっていたのである。念仏が口を割ってくださっていたとき、主体は個人を離れて、大法の座に還っていたことが、あとで分かる。

南無阿弥陀仏　口を開きて称うべし　称うる人に灯る法の灯

「仏になる」というのは、私個人の救済ではない。個人の救済を転じて、法界の心身としてくださる救済である。

はじめは「仏になる」というのは、なにか最上の理想人となるような錯覚を持っていた。個人が消えて、有情非情同時成道、草木国土悉皆成仏、すべてが「無量寿如来、不可思議光如来」の大法界だったことを知らしていただくのを「仏になる」というのである。

「無生の生」、私という生はなかった。私は阿弥陀仏の子である、生である。「無作の作」、私が何かしているのでなかった。私のすることも思うことも、すべてが阿弥陀仏のご活動だった。

私の三世は、法界の所作であった。私だけでなく、宇宙の三世十方如来のみ業だったのだ。

南無阿弥陀仏の廻向の　恩徳広大不思議にて
往相廻向の利益には　還相廻向に廻入せり（「正像末和讃」）

私が南無阿弥陀仏のご廻向によって、摂取していただき、正定聚の世界にいたことを知らせてもらったことを往相廻向という。そうすると、森羅万象が「ほとけわざ」と見

させていただくのを、還相廻向という。

花もほとけ　人亦ほとけ　春の日にさえずる鳥もみなほとけなり

私には、ほとけでも、神でもよろしい。

花も神わざ　人亦神わざ　春の日にさえずる鳥もみな神のわざ

肉体が滅びて浄土にゆく、あるいは天国にゆくなどのお言葉は、私に問題を提起してくださっているのでないだろうか。

親鸞聖人は「不体失往生」とのご解答である。「前念命終、後念即生」のご返答である。私の意識で、私の命と思っていたが、阿弥陀仏の摂取によって、私の命だったとの思いは終って、後の思い、私は大法のお命の所産だったと知らしていただくのである。

来し方も又ゆく方も今日の日も　我は知らねどみ運びのまま

私は阿弥陀の命から出生してきたのであるから、阿弥陀仏の世界に帰るのである。今も阿弥陀仏の命の身も心もそうである。「そうである」と思っているのではない。そうなのである。私の命と思っているままが、阿弥陀のお命の中のことだったのである。ただ「み運び」のままである。

いつ死ぬのか、どんな姿でどこで死ぬのか、仏さまの思し召しのままである。

「み運びのまま」と、言葉にのせれば、み運びのままであるが、今はその言葉も残っ

ていない。ただ、み運びのままである。

「人間は何のために生まれたのか」「人間らしい生活はどうすればよいか」「死んだらどこにゆくのか」、私も私なりに今まで思考してきたが、今は一切「分からぬ」ままでよいことになった。

「み運びのままに」に、喜怒哀楽の真ん中で、私は安心立命というべきか。

如来の一片の私

「私の人生」に意義をさがしていたのが迷いであった。私の人生は、絶対無限の如来のご活動の一片であることが分かった。そうなったら、私は私に解放された。

「宇宙万有の千変万化は、みなこれ一大不可思議の如来の妙用」である。その如来の妙用が、私にこの姿をとらしめ、今も呼吸をさせ、妙用は必要に応じて私の息を止め、私を大地に返すのである。

「念仏成仏是真宗」といわれるが、成仏とは、私は如来の一片であることを信知させてくださることであった。

まことに如来は、無量寿の無始無終のお命の活動体である。また、そのお働きはまことに、不可思議光である。まことに永遠に一糸乱れざる活動体である。光明無量といわれる所以である。

私は今まで、一片の「人間」に引きずり回されていた。

「有情非情同時成道、草木国土悉皆成仏」とは、一切が如来の活動の花弁の一ひら一ひらだったことの信知である。

「善悪浄穢」になんで引きずり回されていたかというに、「私の人生」を主体にしていたからだ。

「念仏成仏」とは、お念仏によって、私個人の主体を、如来主体の根元に還帰させてくださるお働きだったのである。

如来の世界には、善悪浄穢はない。その善悪浄穢が、如来のご活動なのである。だから「浄土には善悪浄穢がない」といわれるのである。あっても、ないのである。

名号不思議の海水は　　逆謗の屍骸もとどまらず
衆悪の万川帰しぬれば　　功徳のうしおに一味なり（「曇鸞和尚和讃」）

のご和讃の通りである。

念仏の太鼓たたいてトントンと落ちてゆくのが十八の願

と、讃岐の佐藤兄の亡き父親は歌っていられる。

十万億仏土まで迷い出て「私」というものに固執して、その鉄柵の中で四苦八苦しているのが私であった。

念仏の太鼓（称名）たたいて十万億仏土まで迷い出ている我の世界を摂取して、私から言えば落ちてゆく、そうして大法界、如来の親もとまで運んでくださるのが、如来大悲のお念仏である。

人間が偉くなるとか、向上するとか、迷える同士が、そんなところで無駄な時間を費やしていたのが私であった。その行き場所を失ったところに、まだ右往左往していた私であった。しかし、ありがたいことに、先聖の「ただ念仏して」のお言葉が届いてくださった。私は念仏申される身になった。

それから念仏の太鼓たたかせてもらい、念仏を称えさせてもらって、如来の親もとまで連れて来てもらったのであろう。私は如来のご活動の一片だったことを知らせてもらった。

なるほどこれを「念仏成仏是真宗」と仰せになったことが分かった。うじ虫と人間とは、頭脳の内容が違うから、人間は万物の霊長だなどというが、うじ虫の頭脳も人間の精巧な頭脳も、如来の思し召しであって、私ごとでない。如来のお仕事を、私のものに

しているのを「邪見憍慢の悪衆生」と仰せられるのである。

如来においては、一木一草、うじ虫の頭脳も人間の頭脳も平等である。いったい、人間が万物の霊長などとのぼせている間に、老人となり、よぼよぼとなり、一息切れたら白骨である。

白骨の場でものを考えてみよう。人間の死骸も、うじ虫の死骸も、しぼんだ花びらも、まことに平等ではないか。どこに優劣を見るのであるか。

べつに私は「悟った」というのではない。お念仏の大功徳によって、人間から解放させていただいたというのである。

「死にとうない」という心も如来の心である。

よいことをすれば嬉しいし、悪いことをすれば気になるし、そのまま如来は私を如来の掌中の出来事として摂取してくださる。親のふところ住まいである。

あらゆる人さまのなさることもすべて如来業と知らせてもらう。これを「憶念の心つねにして」と仰せられるのではあるまいか。

無慚無愧のこの身にて　まことのこころはなけれども
弥陀の廻向の御名なれば　功徳は十方にみちたまう（「愚禿悲歎述懐」）

如来は如来の一片として私をここにあらしめ給うてあるので、その一片は「自己保

存」のために、無慚無愧に悩まされる。一つとして安立の心はない。その苦悩の心に「弥陀廻向の南無阿弥陀仏」が廻向され、「障り多きに徳多し」で、功徳は十方に満ち給う、一切大法の大悲に包んでくださるのである。

戦争も平和も大法界の活動である。

「戦争はまっぴらだ」、「人類は永遠に平和でありたい」、その大願は如来のくださったものである。しかし、人類の今日までの興亡の歴史をひるがえってみると、あわれ、あわれ、ただに悲しい。

人間は、生きるために、全智全霊を尽くして努力している。しかし、その裏に無言のままに老病死は一秒の休みもない。我々はまずわが身の上に、「真の平和」とは何であるかを見出すことである。先聖は「そのままの救い」と言われるが、いったい、どういう内容のものであろうか。

自由自在人

お念仏は私を自由自在人にしてくださる大願業力でまします。いったい私たちは、

有限の私の上に自由を求めているが、結論的に真の自由はない。砂上の楼閣の有限の私だからである。四苦八苦してさがしても、限りある五十年百年の命の上の自由である。

善導大師は、「自身はこれ現に罪悪生死の凡夫、曠劫よりこのかた、常に没し、常に流転して、出離の縁あることなし」と信ず、と有限の私の上に自由は皆無であることを的確におっしゃっているのである。

では、真の自由は、どこにあるのか。

いったい人間は、また万物は、無量寿から出生しているのである。その私たちが、こざかしく自力になって「わが命」と思い上がっているところに苦悩の根元があるのである。不自由、不自在を、おのれが作って苦悩しているのである。されば、根元の無量寿に帰るよりほかに、真の自由はない。自在はない。しかし、十万億仏土迷い出ている私に、その無碍の一道なのである。

私個人の全く不自由のところに、万策尽きたところに、思案の頂上のところに、無量寿より喚びかけてくださっているのが、お念仏である。

無量寿から、有相方便して、阿弥陀仏は、み姿をとって、悲母となって「早く私のもとに帰ってこいよ」と招喚し続けてくださっている大悲のみ親である。

比叡山で二十年、有限の自力修行不可能に行き詰まって、法然上人のお勧めで、お念仏なされたのが親鸞聖人でましします。「ただ念仏して、弥陀にたすけられなさい」と。

親鸞聖人は、お念仏が浄土に生まれるたねなのか、このまま地獄の苦を続けるのか、もう自分の頭脳では判断がつかぬ。ただ仰せのままにお念仏なさったのである。

念仏しようと思い立つ心が起こったとき、有限の自己中心が転じて、無限へと転入なされた親鸞聖人である。

本願円頓一乗のお念仏に乗託されたのである。乗託なされたら、私が居て私が居なかったのである。

法中の我となった。無生の生となった。無作の作となった。ここに親鸞聖人は自在人となられたのである。真の自由人となられたのである。

いかに不自由にさいなまれても、一度お念仏に乗託し、親子対面なされた親鸞聖人は「憶念の心」つねにして、常に自由人となられたのである。

一度ご飯にあずかったものは、腹の減るほどご飯がいよいよおいしいように、お念仏のご飯がおいしいのである。

「障り多きに徳多し」で、困るほど如来の救済は明瞭になってくるのである。

ただ私一人が自由人になるのでない。私が摂取の私と知らされると、森羅万象、一切が心光照護と見える眼をいただく。自利利他の人となさしめてくださる。

まことに念仏は、私を真の自由人、自在人としてくださったのである。

生まれる前も無量寿、無量光の中。現在も然り。未来もまた然り。

蓮師は「三世の業障一時につみ消えて正定聚不退に住す」と、この妙用を信知されての大歓喜のお言葉である。

「つみ」というのは、私の五十年百年の上に、自分を中心としていたことをいうのである。今お念仏に摂取され、摂取の身と知らされたとき、私はなかった、一切は仏のお働きであったと信知したとき「一時につみ消ゆ」と仰せになっているのである。

お念仏によって、「不体失往生」今摂取され、「前念命終」させていただき、「後念即生」の身とさせていただくのである。

お念仏こそは私を自由人、自在人にしてくださる大慈大悲である。

「現当二益」というのは、今摂取され、自由人となったものは、明日、明後日も、永遠に自由人である。三世十方、森羅万象、ただただ不可思議の無量寿、無量光の照護であった。

ホイットマンは『大道の歌』に、老人も病人も死人も、お棺も、猫も杓子も、堂々

と通らせている大道に転じた歓喜を歌いあげている。私も、

花もほとけ人亦ほとけ春の日に囀ずる鳥もみなほとけなり

と、声高々とこの妙用を讃嘆したいのである。これもひとえに、お念仏の無碍の大慈大悲に摂取していただいた賜物である。合掌

常住の国

蓮如上人の『御文』の五帖目十一通に、

人間は不定のさかいなり。極楽は常住の国なり。されば不定の人間にあらんよりも、常住の極楽をねがうべきものなり。

の一節がある。人間界は、五十年百年の壊れる境涯というのである。それだから、永遠壊れぬ常住の極楽を願いなさいと言われるのである。

親鸞聖人は、比叡山で二十年万行諸善の修行をなさったけれど、常住の極楽が見つからなくて下山なさったのである。そして、法然上人の「ただ念仏して、弥陀にたすけられまいらすべし」との仰せを信じて、「ただ念仏して」弥陀のご摂取に遇われて、

常住の極楽に生まれられたのである。

お念仏のご摂取によって、釈尊と等しい「天上天下唯我（法我）独尊」「有情非情同時成道、草木国土悉皆成仏」の世界をいただかれたのである。すなわち、等正覚の身になられたのである。「念仏成仏是真宗」と仰せられる通りである。

『歎異抄』第四条に、聖道の慈悲、浄土の慈悲が説かれている。聖道の慈悲というのは、不定の人間界の慈悲をいうのであろう。浄土の慈悲というのは、常住の極楽の慈悲というのであろう。

聖道の慈悲というは、ものをあわれみ、かなしみ、はぐくむなり。しかれども、おもうがごとくたすけとぐること、きわめてありがたし。（中略）今生に、いかに、いとおし不便とおもうとも、存知のごとくたすけがたければ、この慈悲始終なし。

と、まことに仰せの通りである。

浄土の慈悲というは、念仏して、いそぎ仏になりて、大慈大悲心をもって、おもうがごとく衆生を利益するをいうべきなり。（中略）しかれば、念仏もうすのみぞ、すえとおりたる大慈悲心にてそうろうべきと云々

とある。

念仏のご摂取に遇って、常住の極楽に往生させてもらえば、山川草木、一切衆生は、

ともどもに常住の極楽にいることが知らされるわけである。

しかれば、念仏もうすのみぞ、末通りたる大慈悲心と仰せられるごとく、お念仏して、弥陀に摂取されれば、三世十方、大法界だったことが知らされる。まことに末通った大慈悲心と仰せられる通りである。

では、問題は、「ただ念仏して弥陀にたすけられ」常住の極楽に往生させていただくという、この一点である。

いったい阿弥陀仏の本願、誓願というものは、いかなるものであろうか。

罪悪深重煩悩熾盛の衆生をたすけんがための願にてまします。（『歎異抄』第一条）

煩悩具足のわれらは、いずれの行にても、生死をはなるることあるべからざるをあわれみたまいて、願をおこしたまう本意、悪人成仏のためなれば、他力をたのみたてまつる悪人、もっとも往生の正因なり。（『歎異抄』第三条）

すなわち、全く助かる縁のなきもの、極楽に往生できぬ「唯除五逆誹謗正法」と唯除されたもの、自力にも棄てられ、二十願の自力念仏にも棄てられた「救済無縁」のもののために、地獄の下で大手を拡げて待ってくださっている大慈大悲の阿弥陀仏でまします。お前が、お念仏を称えることができなんだら、私のほうから念仏を廻向して極楽に迎え取ってやるとのご本願である。大誓願である。

親鸞聖人は、御下山のとき、この阿弥陀仏のご本願に迎えられることのできるご当人となっておられたのである。

二十年の比叡山の修行もゼロ。私からの廻向の念仏もゼロの愚禿親鸞でましましたのである。「いずれの行もおよびがたき身なれば、とても地獄は一定すみかぞかし」のご述懐の通りである。

念仏は、まことに浄土にうまるるたねにてやはんべるらん、また、地獄におつべき業にてやはんべるらん。総じてもって存知せざるなり。

万策尽き、尽き果てて、「ただ念仏」あそばしたのである。ここに「無縁の大悲」が成就したのである。「機法一体」の南無阿弥陀仏のご成就があったのである。「即得往生極楽」のご成就があったのである。

いずれにも行くべき道の絶えたれば口割り給う南無阿弥陀仏

私がご摂取に遇った時の歌である。私にも、万策尽き果てたご縁を頂戴させてもらって、お念仏が口をお割りくださったのである。お罪さまである。お障りさまである。「罪障功徳の体となる」全く仰せの通りである。

多聞浄戒えらばれず　　破戒罪業きらわれず
ただよく念ずるひとのみぞ　　瓦礫も金と変じける（帖外和讃）

機法一体南無阿弥陀仏でまします。

罪悪深重ほとけわざ。罪悪深重を嫌うこころもほとけわざ。

煩悩熾盛ほとけわざ。煩悩熾盛を嫌うこころもほとけわざ。

生死ほとけわざ。生を願い、死を嫌うこころもほとけわざ。

三世十方、機法一体南無阿弥陀仏。まことにまことに、自利、他利の恩徳の広大無辺なることよ。

平成元年（一九八九年）

極重悪人唯称仏

三世十方すべての世間さまの種々相は、みな私一人に内在しているものを暴き出して見せてくださっている諸仏である。

そうして、私を苦悩させるものは、私に内在しているドロドロの罪悪深重である。私は全くの極重悪人である。この極重悪の救済される道は絶無である。

私以外に人間並びに万物が存在して、相対的にものを見ていたときは、善悪の世界をさ迷っていたが、私一人が、あらゆる罪悪の塊と知らされたとき、天国も極楽も私には皆無となった。

では「極重悪人唯称仏」のお言葉は、どう頂戴すればよいのであろうか。

罪悪の塊の私が、いかに念仏を申しても、その罪悪の塊に何の反応も示してはくれないのである。タドンは兆載永劫洗っても白くなる道理はない。私は全くの罪悪深重

の真っ黒の塊である。

実は「唯称仏」は、私が懸命に念仏申して、私の罪悪を除去し、消滅してくださるものではなかったのである。

宇宙全体を、無始無終、過去世から、未来永劫にかけてご活動ましましている不生不滅の大法界があったのである。その大法界から、方便法身の阿弥陀仏が「南無阿弥陀仏」とわが名を称うるものを、その大法界に迎えると、報身仏のみ姿をとって、全くの無救済の私を迎えに来てくださっていた「南無阿弥陀仏」でましました。私がこの阿弥陀仏に迎えられ、南無阿弥陀仏と申したら、その瞬間、私という存在は滅して、私は大法海の一分子だったことを信知させてくださったのである。それが摂取不捨のご利益だったのである。

「私」という存在が滅したとき、私の罪悪と思っていた罪悪は、大法の如来のご活動と一変させてもらったのである。

名号不思議の海水は　逆謗の屍骸もとどまらず
衆悪の万川帰しぬれば　功徳のうしおに一味なり（「曇鸞和尚和讃」）

このご和讃の通りの身にさせていただいたのである。

私の肉体は生きているが、法身の私が息をさせてもらっているのである。「生死即涅

槃」である。私の生死が大法の如来の生死なのである。

いつ死んでもよいというのではない。生きていることは嬉しく、死は悲しく、死にたくないという煩悩が、法界の如来からくださったものである。煩悩を断ぜずして涅槃を得との仰せの通りである。「煩悩即菩提」である。罪悪深重が、ほとけわざであった。

本願円頓一乗は　　逆悪摂すと信知して
煩悩菩提体無二と　　すみやかにとくさとらしむ（「曇鸞和尚和讃」）

との仰せの通りであった。

ここに「極重悪人唯称仏」の「唯称仏」の大悲のお心が、私に信知させていただけたのである。私はいよいよ極重悪人の生活の連続である。故に、念々「唯称仏」の南無阿弥陀仏の大恩恵をこうむっているのである。

罪障功徳の体となる　　こおりとみずのごとくにて
こおりおおきにみずおおし　　さわりおおきに徳おおし（「曇鸞和尚和讃」）

まことにご和讃の通りで、もったいない次第である。

私が「極重悪人唯称仏」のお心を信知させていただいたら、いろいろのお聖教のお心を、すべて頂戴できるようにさせていただいた。四十八願のお心も頂戴できるようである。

たとい我、仏を得んに、国に地獄・餓鬼・畜生あらば、正覚を取らじ。

第一の願は、無三悪趣の願と言われる。国に三悪道があったら、私は仏になれぬとの仰せである。

法蔵菩薩の四十八願は、実は私の志願だったのである。人類の志願である。

人間の苦悩の根本をなすものは、要約して、すべてがこの三悪道に収まるのである。

それで第一の願としてあげられているのである。

今私が「極重悪人唯称仏」の信知を頂戴したら、この無三悪趣の願を即刻、私の胸に成就させていただけた。

たとい我、仏を得んに、国の中の人天、寿終わりての後、また三悪道に更らば、正覚を取らじ。

第二の願は、不更悪趣の願と言われる。これは、三悪道を入れ換えての救済であれば、もとの三悪道に更《かえ》る危険性があるから、三悪道そのままの救済でなければならぬという誓願である。

三悪道そのままが三法道であると、お念仏が私に教えてくださったのである。ここに第二の願が私の胸に成就させていただけた。

たとい我、仏を得んに、国の中の人天、ことごとく真金色ならずんば、正覚を取ら

じ。

第三の願は、悉皆金色の願と言われる。

大法界の一切ご活動であることを知らざる間は、人間の身体の色が、白色とか、黒色とか、黄色とか、差別の心をもって苦悩した。身体の色だけではない。智者とか、愚者とか、善人・悪人、善心・悪心、短命・長命、幸・不幸、過去・現在・未来等々の相対の世界で苦悩を続けてきた。

如来の作願をたずぬれば　苦悩の有情をすてずして
廻向を首としたまいて　大悲心をば成就せり（「正像末和讃」）

如来の本願をお建てくださったのは、苦悩の有情、有限界に苦悩する私のためであった。

今私は「唯称仏」の大悲を頂戴したら、即刻、大悲心が廻向されて、悉皆金色の願が私の胸に成就した。摂取に遇えぬまでは、この願は、まことに不可解な理想の世界で、この世のものとは思われなかったが、今、このドロドロの世界が、悉皆真金色の大法界の荘厳の世界となった。

大法界の仏の世界から、万物が一糸乱れず生まれ出て、また大法界の大地に帰るのである。すべてが光明無量、寿命無量の活動である。この世界を、阿弥陀仏は、慈母と

なって私にお知らせに来てくださっていたのである。
朝顔の花は、永遠不変の無量寿のお命である。鈍い亀の速度と、速い兎の速度は、ともに永遠不変の如来から賜わった平等の速度である。私もそうであった。あなたもそうである。彼も彼女もそうである。

多聞浄戒えらばれず　破戒罪業きらわれず
ただよく念ずるひとのみぞ　瓦礫も金と変じける（帖外和讃）

瓦礫の娑婆界が、一瞬に悉皆金色の浄土に転じさせてくださる大悲の「唯称仏」である。
良寛さまの詩に「無心」というのがある。

花無心にして蝶を招く、蝶無心にして花を尋ぬ
花開く時蝶来り、蝶来る時花開く
吾亦人を知らず、人亦吾を知らず
知らずして帝則に従う

「帝則」とは、一切一糸乱れぬ「仏わざ」ということである。

救済の道は絶無か

人間の根本の苦悩は、生死と煩悩の板挟みである。分かりやすく言えば、「死にたくない私」が「死なねばならぬ」ということである。しかし、この問題は、人間の能力では絶対に解決の道はない。

万行諸善をやっても、私自身が、身も心も「死にたくない」そのものである。救済絶無である。「いつ死んでもよろしい」と言う人も「死にとうない」という地盤に立っての言葉である。

では、救済の道は絶無なのであるか。いや、ただ一つ、救済される道がある。それは阿弥陀仏の摂取である。

四十八願の中の十一願に左のお言葉がある。

たとい我、仏を得んに、国の中の人天、定聚に住し必ず滅度に至らずんば、正覚を取らじ。

定聚というのは、正定聚のことである。不退転の世界のことである。光明無量、寿命無量の世界のことである。無限界、大法界のことである。

しかし、私は有限の身である。私の力で、どうして、この正定聚の光明無量・寿命無量の無限の世界に行くことができようか。

親鸞聖人は二十年間、比叡山で修行なさったが、有限の身の聖人には、無限の世界が見つからず、下山あそばしたのである。そうして、法然上人のお勧めで、お念仏のご摂取にお遇いあそばしたのである。

弥陀の誓願不思議にたすけられまいらせて、往生をばとぐるなりと信じて念仏もうさんとおもいたつこころのおこるとき、すなわち摂取不捨の利益にあずけしめたまうなり。（『歎異抄』第一条）

弥陀のご摂取に遇えば、私は無限の弥陀のご摂取の中となる。無限の中の有限の私である。「機法一体」である。今まで、有限の私が主体で苦悩していたが、摂取されると、主体が無限の阿弥陀仏となり、私はその掌中となる。

たとえば、電源があっての電灯であり、扇風機であり、動力である。この宇宙の千変万化の「我」の働きは、全部「法」の活動である。そこに私は、正定聚に住する身とならしめ給う。そうすると、即刻「必至滅度の願」が成就するのである。

「生死」が大法の阿弥陀仏のご活動だったのである。また「死にたくない私」は、大法の阿弥陀仏のご活動であったと信知せしめられる。

「滅度」の「滅」は、生死の苦を滅することである。生死を取っての滅ではない。阿弥陀仏掌中の、生死即涅槃である。「度」は、煩悩の流れを超え渡るの意である。渡らずして渡ったことになる。煩悩がすなわち阿弥陀仏のご活動である。煩悩即菩提である。「煩悩を断ぜずして涅槃を得」との仰せの通りである。

「死なねばならぬ」、生まれたら、死なねばならぬことが、大法の阿弥陀仏のお与えである。機法一体である。「死にたくない。あくまで生き抜いてゆきたい」という心が、大法の阿弥陀仏からのお与えである。機法一体である。

親鸞聖人の二十年のご修行は何であったのか。「いずれの行もおよびがたき身なれば、とても地獄は一定すみかぞかし」の身になられたことである。毛筋一本も私の自由はないという、私の無救済の場にお立ちあそばしたことであった。ここに阿弥陀仏のご摂取は働いてくださったのである。

「納得安心」とは、このことを意識で受け取って、得々としていることである。意識は動く。意識以前の大法の世界を有限の意識で受け取っているのである。やがて壊れる。「得たるは得ぬなり」である。

比叡山で、親鸞聖人も得ては壊れ、得ては壊れ、ついには「得ざるはやがて得るなり」の阿弥陀仏の親もとまで帰られたのである（「やがて」は速刻のこと）。

芥子粒ほども私が残っておれば摂取に遇えぬ。油の性が一滴でもあれば、阿弥陀仏の大法界に帰ることはできぬ。

ああ、阿弥陀仏のご本願のありがたいことよ。

愚鈍の私は比叡山に行かなくともよい。

「罪障功徳の体となる」の仰せの如く、念々の生活の「お障りさま」「お罪さま」に責められ、責めたてられ、その下に、地獄の下のその下に、大法の大悲の阿弥陀仏はお待ちくださっていたのである。

全くの私の無救済のところに、大悲の阿弥陀仏のご廻向の摂取はお働きくださって、機法一体の南無阿弥陀仏を成就してくださったのである。

求道を続けてゆけばみほとけに遇えると思うことは妄念

阿弥陀仏は、遠い彼方の上にましますと、私は錯覚していた。実は地獄の下のその下に私を待ってくださっていた大慈大悲の阿弥陀仏でましました。

散る時が浮かぶ時なり蓮の花

摂取されたとき、私の花は散ったのである。散って大法の阿弥陀のみ親のふところに帰ったのである。

鵜鳥水に入れば、魚蜂ことごとく死す。犀牛これに触るれば、死する者みな活える

がごとし。（「真仏土巻」）

この「活える」とは、法水に浮かぶことである。機法一体の身とせしめられたことである。

わが見る眼変われば山も川も亦草木国土自然の浄土

「機法一体」「機法別体」のお言葉がある。機法一体であるのに、お念仏の力で私の罪福を祈っているのを、機法別体という。半自力、半他力、二十願である。これを疑いの念仏と言う。

誓願不思議をうたがいて　御名を称する往生は

宮殿のうちに五百歳　むなしくすぐとぞときたまう

親鸞聖人の「三帖和讃」の冒頭にお示しくださっている。

念仏の車に乗せてもらっていても、反対の列車に乗っているようなものである。十八願には「唯除五逆、誹謗正法」と、私を固めようとする自力の念仏を切って棄ててある。自力も駄目、自力の念仏も駄目。本当に無救済になったところに、大法の阿弥陀仏との接点がある。仏凡一体、機法一体の南無阿弥陀仏が成就せしめられる。

まことに「このままの救い」である。

「死にとうない私の機」が阿弥陀仏の「法」である。「死ぬ私の機」が阿弥陀仏の

「法」である。ここに「必至滅度の願」が完全に成就した。

まことに弥陀の誓願不思議にたすけられまいらせて、浄土（大法界）に往生させていただき、即刻、人類永遠の苦悩を解消して「必至滅度の願」を成就してくださった、そのご恩徳、まことに身を粉にしても、骨を砕いても、報じ尽くせるものではない。南無阿弥陀仏

大宇宙のご活動

一息が永遠のいのちと知らされて三世十方闇晴れにけり

最近私は、永遠のいのちを、大宇宙のご活動といただいている。大宇宙と言葉にするが、私たちの頭脳で、その世界はぜんぜん分かるものではない。

夜空にきらめくあの無数の星群も、大宇宙のご活動の小宇宙である。望遠鏡で見える星群の他に、幾千万幾万倍の星群があって果てしないであろう。その星群が大宇宙のご活動の小宇宙である。

私たちの住む地球も、その小宇宙の一つである。その小宇宙の地球上に私たちは

あって、幾万年、生まれて死に生まれては死ぬ、まことにはかない吹けば飛ぶような微粒子の存在である。

しかし、この微粒子の私たちも、厳然たる大宇宙のご活動体である。機法一体である。一息尽くれば一片の白骨となる私たちも、大宇宙の機法一体の活動体である。こういうことを釈尊はお悟りなされたのであると思う。

しらざるときのいのちも、阿弥陀（大宇宙）の御いのちなりけれども、いとけなきときはしらず、すこしこざかしく自力になりて、「わがいのち」とおもいたらんおり、（『安心決定鈔』）

ここに人類の苦悩がはじまったのである。生老病死、四苦八苦がはじまったのである。釈尊もこの例に洩れず、「わがいのち」に苦悩あそばしたのである。そうしてのご出城である。「勤苦六年」この微粒子の釈尊が、大宇宙のご活動に対し挑戦なさったのである。カマキリが鎌を振りかざし、大象に挑戦するようなものである。ついに自力の根尽き果てあそばされたとき、大宇宙より天籟のみ声が釈尊の耳に届いたのである。

「天上天下唯我独尊」この我は大宇宙の無限の御いのちの活動体であった。歓喜のお叫びである。と同時に「有情非情同時成道、草木国土悉皆成仏」、三世十方の有情非情、天も地も一木一草、大宇宙のご活動であった。かくご信知あそばしたのである。

親鸞聖人は九歳のとき、大宇宙のご活動なることを知らず、叡山にして、生死煩悩の苦に挑戦なさったのである。二十年の挑戦も功を奏せず、その大宇宙よりの天籟のみ声が聞けなかったのである。そうして下山あそばし、法然上人にお遇いあそばしたのである。「ただ念仏して、弥陀にたすけられまいらすべし」とのご教示を頂戴なさったのである。

弥陀は、大宇宙からみ姿をとって、愚鈍の私たちに対し、「お母さん、南無阿弥陀仏と称えて、大宇宙のみ親のもとに帰れよ」とのお迎えの報身仏でまします。

ここに親鸞聖人は、お念仏のご摂取をいただかれ、釈尊の正覚と等しい等正覚の身となられたのである。

だから親鸞聖人は、この本願念仏によって、大宇宙の世界を信知させていただかれたご歓喜が恩徳讃である。

如来大悲の恩徳は　身を粉にしても報ずべし
師主知識の恩徳も　ほねをくだきても謝すべし（「正像末和讃」）

この阿弥陀仏のご摂取がなかったら、永遠に黒闇の中をさ迷い続けたであろうにとの歓喜である。

さて阿弥陀仏は、どこにましますのであろうか。ほかの諸仏のことはしらぬが、阿弥

陀仏は地獄の下にましまして、速く大宇宙の法界に帰って来よと、呼び続け、待ち続けていられるのである。「地獄」とは、私たちの思案分別の行き詰まりの頂点をいうのである。四苦八苦の全く行き詰まりの場である。

親鸞聖人は「いずれの行もおよびがたき身なれば、とても地獄は一定すみかぞかし」と悲歎あそばしているのである。

いずれにもゆくべき道の絶えたれば口割り給う　南無阿弥陀仏

私たちの無救済の下に、大宇宙からの阿弥陀仏の大悲のみ手は摂取に来てくださったのである。

行き詰まり又行き詰まり行き詰まり弥陀のふところあたたかきかな

称うれば痛み悲しみ罪けがれみな摂取して南無阿弥陀仏

ご摂取に遇ったのが一益、そのお陰で正覚に等しい等正覚の大宇宙のお命と機法一体にならしめてくださったのが二益。浄土真宗は二益のご利益である。

先般、ＮＨＫの全国放送の日曜の朝の「こころの時代」に私は出演した。その時の題は「百花みな香りあるごと」と、私の次の歌の初句を取ったのである。

百花みな香りあるごと人の世の人の仕草のみな香りあり

ある人は仰せられる。

「『百花みな香りあるごと』と言われるが、香りのある花もあるが、臭い花もある。無臭の花もある。まあ花のことはおいて、『人の仕草のみな香りあり』が合点がゆかぬ。戦争で殺したり殺されたり、日々憎み合い、怨み貪りと、腹立ちと、愚痴の山積ではありませぬか」と。

大宇宙のご活動に善悪浄穢はない。あっても大宇宙のご活動には歯が立たぬ。いくら注意していても、車にはねられては即死である。腹を立てまいと思っていても、先、先に出てくる。お湯が煮え立つと沸騰する如く、人間も狂気になり、殺したり殺されたり。大宇宙のご活動は、人間の自由は絶対に許さぬ。全くの「無情」である。人間の自由を許せば、大宇宙はたちまちにして崩壊する。

問題は、私の全く不自由、無救済のときに、大法界からの阿弥陀仏の摂取の大悲に遇う一ことである。

聖道門は、自力不可能の時に、天籟の声を聞き、大宇宙との接点をいただくことである。浄土真宗は、自力不可能の時に、「罪はいかほど深くとも、諸仏に棄てられた者を我は摂取する」との阿弥陀仏の大悲に遇い、大宇宙との接点をいただき、機法一体の身にしていただく。

全く「このままの救い」である。ここに「人の仕草」だけでなく、三世十方、山川草

木、真実の狂いなき大宇宙の香りであり、大薫風の風光ではないか。

人間界の慈悲、宇宙界の慈悲

「聖道の慈悲」を、「人間界の慈悲」と言い直してみました。『歎異抄』第四条に、

慈悲に聖道・浄土のかわりめあり。聖道の慈悲というは、ものをあわれみ、かなしみ、はぐくむなり。しかれども、おもうがごとくたすけとぐること、きわめてありがたし。

とあります。「きわめてありがたし」とは、絶対にないということです。人間界の平均寿命が百年になっても、二百年になっても、やがて死なねばならぬのです。また、

今生に、いかに、いとおし不便とおもうとも、存知のごとくたすけがたければ、この慈悲始終なし。

とあります。「始終なし」とは、始めにどんな慈悲をもってしても、結果は駄目というのです。母親の懸命の慈悲をもって看護しても、死ぬ児は必ず死ぬのです。

人間界に居る私たちに、科学、医学、その他、学者たちが、頭をしぼって、精進努力して、研究に研究して、人類に幸福をさがしてくださっています。まことにありがたいことですが、結論は、一口に申せば、必ず一番大切なこの身が朽ちるのです。悲しいことですが、この人間界の慈悲には、永遠の救済はないというのです。

それでは、「浄土の慈悲」とは、どういうことでしょうか。私は「宇宙界の慈悲」と言い直してみました。宇宙界の慈悲というのは、永遠の無始無終の慈悲のことです。先般テレビで「人体は、大宇宙の活動の小宇宙である」という放映を、電子顕微鏡でこの眼に現実に見せていただいて、深い感銘をいただきました。

人体だけが小宇宙でなく、地球も太陽も、無数の星もすべて、大宇宙の活動の小宇宙なのです。一木一草、この眼では見えぬ細菌も、大宇宙の活動の小宇宙なのです。万物すべてが、大宇宙の活動の小宇宙なのです。

単に電灯がつくのでなく、電源によっての電灯です。電灯と電源は「機法一体」なのです。「機法一体」のおこころからいただけば、小宇宙は機で、大宇宙は法なのです。

浄土の慈悲というは、念仏して、いそぎ仏になりて、大慈大悲心をもって、おもうがごとく衆生を利益するをいうべきなり。

とあります。また、

しかれば、念仏もうすのみぞ、すえとおりたる大慈悲心にてそうろうべきと云々

とあります。

最近、次のような歌が生まれました。

大宇宙のみ姿となりわが前に立ちます弥陀に合掌申す

大宇宙、小宇宙の話は一応私の頭で理解はできるようですが、果たして信知ができるのでしょうか。機法合体か、機法別体で有限な自分中心での思惟であって、真に機法一体の信知はできない。

それで、大宇宙のみ姿となって、私の前にお立ちくださっている阿弥陀仏でましました。そうして、念仏を与えて、大宇宙の根元に誘引してくださる大慈大悲のお念仏でましましたのであります。

『教行信証』の「行巻」のはじめに、

謹んで往相の廻向を案ずるに、大行あり、大信あり。大行とは、すなわち無碍光如来の名を称するなり。

とあります。また「自然法爾抄」に、

南無阿弥陀仏とたのませたまいて、むかえんとはからわせたまいたるによりて、

のお言葉もあります。また『歎異抄』第一条に、

弥陀の誓願不思議にたすけられまいらせて、往生をばとぐるなりと信じて念仏もうさんとおもいたつこころのおこるとき、すなわち摂取不捨の利益にあずけしめたまうなり。

とあります。摂取不捨の利益というのは、大宇宙に摂取され、わが身は、小宇宙と信知せしめられたことを言うのです。

蓮師が「南無阿弥陀仏の主となれ」と仰せられることは、このことでしょう。私は単なる有限の身でなく、無始無終の大宇宙の表顕で、大宇宙の主の小宇宙だったのです。私が大宇宙の主となれば、一切すべてが、大宇宙の主である。活動体である眼をいただくのです。

南無阿弥陀仏の廻向の　恩徳広大不思議にて
往相廻向の利益には　還相廻向に廻入せり（「正像末和讃」）

大宇宙界に往生させてもらったら、即刻還相廻向に廻入させていただくのです。「山川草木悉皆成仏」ですね。山川草木が南無阿弥陀仏の主となるのです。

ここに本願念仏の大慈大悲によって、「おもうがごとく衆生を利益」せしめていただくのです。

「生死即涅槃」生死が大宇宙のご活動。「煩悩即菩提」煩悩が大宇宙のご活動。「死」を取るのでなく、生死のまま。「煩悩」を取るのでなく、あくまで生き抜いてゆく生命力、裏から言えば「死にたくない」まま。「このままのお救い」とは、この大宇宙即小宇宙の活動の風光をご教示なさったのであるまいか。

平成二年（一九九〇年）

ただ念仏

宮崎君は四人の幼い子を弄び、殺害した残虐無道の悪鬼人と、人ごととして言い切ることができるであろうか。

三世を通じて人類の血の中に流れている欲情を露骨に端的に見せてくれた、私の心の底に内在している悪性を、目に見せてくれた菩薩でないか。

家族の方々は、幾度か自殺を企てたと聞くが、見張りの人に止められたとのことである。

無意識に死刑を賭けての行為である。

「阿部お定」といわれる方は、男根を抉り取って干物にして手提げの中に入れていた由である。三世を通じての女性に内在しているものを、こんな方法で私に見せてくれた、これまた菩薩である。

四十八願の第一に挙げられているのが、無三悪趣の願である。三悪趣は、三悪道のことである。地獄道、餓鬼道、畜生道である。人類の苦悩を要約すれば、この三つに収まる。

地獄は、老病死の苦、餓鬼は生活の苦、畜生は恩愛の苦である。その三つの苦悩がなくならねば、私に真の安心はないと仰せられるのである。

はたして、生きている私たちにこの苦悩から逃れることができるであろうか。私の身も心も、この三つの要素から成り立っているのである。

第二の願は、不更悪趣の願である。これは一度この三悪道から逃れ出ても、また元に戻ったのでは、真の救済にならぬというのである。

太平洋戦争のとき、満州から引き上げて来た一人の母親の告白である。

「今日先生にだけ、はじめて申し上げることです。

私の在所の人たち五十人ほどと、夜こっそりと、敵の目をぬすんで、集団で逃げ出したのです。ところが、抱いている赤んぼが泣き出したのです。引率の方に叱られるが、子どもは火のつくように泣くのです。私はあの時、あの子の首を絞めたのです。

あれから四十年、あの子の面影が浮かんできて、泣くにも泣けず、眠っても、うなされて目を覚まします」と。

この母親は、命終わるまで、この苦悩はぬぐい取れることはないであろう。私は特にお願いして私は昭和十年頃、横浜で小学校の先生を数年したことがある。私は特にお願いして一年生を受け持たせてもらった。

ある年、普通の子よりも三つ年上の子が入学してきた。クラスで一番背が低く、骨ガリガリの子であった。聞くところによると、このH君は、三つのとき肺炎になって、苦しみ続けた。その時、母親は主人を棄て、この病の子を棄てて、姿を消したのである。

父親は、仕事から帰ってくると、目だけクルクルさせて生きているので、お粥を作って食べさせ、翌朝、その残りを食べさせて、仕事に出かけた。夜仕事から帰ってきたが、やっぱり目だけクルクルさせて生きていた。またお粥を作って食べさせ、翌朝その残りを食べさせて仕事に出た。医者に見てもらう金がない。その生活が三年続いた。子どもは死なずに助かって、三年遅れて私のクラスに来たのである。

私が、修身の時間に、母親の愛情の深さを話すとき、指で耳に栓をして、いつも机の上にうつむいていた。

ある夜、私が家庭訪問に行ったが、父親はまだ帰っていなかった。二つ上の姉と、飯台の上の一本の蝋燭の灯を見つめていた。この一本で三晩過さねばならぬというの

で、三つに仕切って線が引いてあった。その頃、日本は全く不況で、電灯代が支払えず、電線は切り取られていたのである。その蝋燭の線までに父親に帰ってもらって、夕飯が欲しいのである。

人生に、かわいそうだとか、薄情だとか、忙しいとかいう余地はない。H君の母親は、無意識に、心の動きが五〇〇一で家を棄てたのである。家庭にいるほうが五〇〇一の時は、いかに苦しくとも、家庭を棄てることはできぬ。私のこの息が五〇〇一の時は、虫の息でも生きている。四九九九になった時、私の息は切れるのである。

南無阿弥陀仏は、私の自由の皆無を教えてくださって、宇宙の一分一厘狂いのない大法界に飛躍させてくださる天上天下唯一つの救済なのである。この大法界には、善悪浄穢などのひとかけらも忍び込む余地はない。

三世を通じ、ただ「帝則」である。「大法則」のままである。

法界のなさしめ給うことなれば定めのままに南無阿弥陀仏

これは私の末娘の死去した時の拙歌である。「君は冷たい父親だな」と言う友人もいる。冷たい、あたたかいなど、大法の前には全く言う余地はない。「定めのままに南無阿弥陀仏」である。

悪性さらにやめがたし　　こころは蛇蝎のごとくなり

修善も雑毒なるゆえに　虚仮の行とぞなづけたる（「愚禿悲歎述懐」）

親鸞聖人は、三世十方の諸菩薩の悪性に、自分の体内に巣くっているもろもろの悪性を見せつけられ、強迫されあそばしたのである。蛇蝎などの比ではない自らに、おののかれたのである。

「修善」は、裏から言えば、おのれがうまく世渡りする上手なエゴでないか。聖人君子は、最も上手なエゴのお手本である。

ここに、修善にも真の心の救済は見つからなかった親鸞聖人でましました。

「いずれの行もおよびがたき身なれば、とても地獄は一定すみかぞかし」その仰せは、言葉ではない。

水に溺れているものが、溺れているという意識はない。ただアブアブである。親鸞聖人も二十年のご修行に転落あそばして、アブアブの無救済の人になられた。

ただ念仏して、弥陀にたすけられまいらすべしと。よきひとのおおせをかぶりて、信ずるほかに別の子細なきなり。

法然上人のお勧めのままに親鸞聖人はお念仏なされたのである。

「地獄一定」とは、思案の頂上のことである。

「念仏には無義をもって義とす。不可称不可説不可思議のゆえに」とおおせそうら

いき。

念仏は、私の意識を断ち切ってくださるのである。そうして、大宇宙に摂取してくださる大悲である。

「罪障功徳の体となる」、いよいよアブアブのところに届いてくださる大悲である。

「法身の光輪きわもなく、世の盲冥をてらすなり」

人世に楽園を求めての釈尊も、親鸞聖人も、万行諸善すればするほど、自らの三悪道そのものであるアブアブのところに、南無阿弥陀仏のきわなき光輪のご招喚にお遇いあそばされたのである。南無阿弥陀仏

ご廻向

一昨年春の仏法聴聞会に、東京からA子さんがご来会なさった。

A子さんは今年八十三歳で、当時の女子大出の博学多才のご婦人である。二十歳頃から聴聞を続けられている由である。東京に住んでいれば、どんな偉い先生の法話でも、毎日聴聞できるのである。

拙寺発行の『法爾』を見てお参りなさった由である。A子さんは六十年の聴聞の蓄積で何でもご存じである。私はそれが少しうるさくなったので、話を中断して、

「A子さん、あなたはお念仏がお出ましになりますか」と問うた。

「若い時、子どもが亡くなった時、出ました」

「お念仏がお出ましになっておれば、それで結構ですよ」

と、私は話を打ち切った。

あとで承ったことであるが、こんな寺には、もう絶対に二度と来ぬと思われた由である。A子さんの話に私は微塵も賛辞を与えなかったからである。

その七月十五日・十六日と、東京の上野の報恩寺さんに例年の通りお盆の法話に行った。翌日A子さんはお参りなさっていて、午後の法話後、私の座敷に来られた。

「昨日『法爾』が届きました。あの先生の歌の中に、

聴聞を続けてゆけばみほとけに遇えると思うことは妄念

とありましたが、何で妄念ですか」

と、いささか声を荒げての詰問である。

「あなたは何も分かっていませんね」

と、私は軽く申し上げて、その場はすんだ。

九月に私が長崎正遠会に行ったら、A子さんが来ておられた。

「A子さん、なんで長崎まではるばるお出でなさったのですか」

「先般、報恩寺さまで、六十年積み重ねていた聴聞を根こそぎ壊していただきまして、阿弥陀さまのお恵みに遇うことができました。そのお礼参りに、今日は来させていただいたのです」

A子さんと一緒に埼玉から来ておられた若い婦人が、

「あの時、A子さんの顔は真っ青でしたよ」

と言われた。報恩寺さんの座敷で同席なさっていたのであろう。

それからA子さんは拙寺にも、遠く四国などにも私の行くところに杖をつきながらお参りなさる。

次は若い娘さんの話である。彼女は、「○○病」という診断で入院された。はじめ二、三か月は、花を持って友だちが来てくれたりして、なんとか気分がまぎれていたが、その後は、ベッドの上で、朝も昼も夜も一人きりである。

いずれにも行くべき道の絶えたれば口割り給う南無阿弥陀仏
と、私の歌を思い出し、口ずさんでみたり、お念仏を称えたりしたが、それも一か月

も続かなかった。

「仏殺」「祖殺」というお言葉がある。彼女は、神にも仏にも、師匠にも棄てられたのである。

それから、十日経ったのか、一か月経ったのか、ふっとお念仏がこぼれた由である。それからおのずからお念仏が口を割ってくださって、涙もとめどもなく流れ落ちた。

「先生は、こんな信境を歌ってくださっていたのだなあ」と、一度棄てた私の歌を拾い上げて、胸底深く収めたのである。時には、お念仏とともに、この歌を口ずさむことです、とのお便りであった。

次は、私の第一の善知識である、いつも申し上げている和子の話である。

私の二十四、五歳の頃、はじめてお念仏のお話をして同信してくれた話である。

私が大学卒業近くの頃、四、五人の友だちと一軒借りて自炊生活をしていた。その時、その主家に、和子という九つの女の子がいた。

北海道で、両親も兄も姉も全部結核で死亡して、和子一人になり、主家のおばさんが叔母になるので、北海道から一人京都に送られて来たのである。

私は四、五日の旅行から帰って来たら、そのおばさんが言われるのには、「和子があまりフラフラして歩くので医者に連れて行ったら、両肺とも真っ黒だ。絶

対安静で寝かしておきなさい」とのことでした。

「和子は、翌朝もカバンを背負って学校に行こうとするので、無理に引き止めて裏に寝かせているのです」とのことであった。

和子には学校に行くだけが、ただ一つの命の綱であったのである。

私は裏の離れの和子の部屋をたずねたら、髪は振り乱し、いつもなら私に「お兄ちゃん」と言うのだが、一声も出ない。まことに苦悩いっぱいの様相であった。私は和子の傍らに座って、次のように話した。

「和ちゃんは、仏さまのお国から来て、ご用がすむと、また仏さまのお国に帰るのですよ。仏さまのお国のお母さまを『なむあみだぶつ』と申すので、さびしかったら、『お母さん、なむあみだぶつ、なむあみだぶつ』と申しなさいよ。

これは、なむあみだぶつのお母さまのおしるしだから、いつも手にはめていなさいよ」

と、私は赤い房のお念珠を和子に手渡した。

翌朝、和子のところに行ったら、全く観音さまのお姿であった。おだやかな微笑さえ浮かべていた。

「お兄ちゃん、私は今まで『なむあみだぶつ』と言っていたのよ。しかし、その意味

が分からなかったの」

その主家は、浄土宗で、時おり同行さんたちが集まって声高に輪を作って繰り念仏をするのである。その声が和子の耳に入って、苦しまぎれにお念仏していたのである。

それから四、五日して、和子は死んだ。

他家にいると、こんな病人でも、九つの子が、真夜中に起きて、一人でご不浄に行かねばならぬ。「和子が死にました」の知らせで行ってみたら、ご不浄の帰りに敷居でつまずいて倒れて死んでいた。

小さな木箱に入れて、私も火葬場に行った。帰りの車の中で、私は和子のお骨箱を私の膝の上に抱いて来た。その和子のお骨箱のぬくみが、今でも私の心にしみじみと伝わってくることである。

如来の作願をたずぬれば　　苦悩の有情をすてずして
廻向を首としたまいて　　大悲心をば成就せり（「正像末和讃」）

本願力にあいぬれば　　むなしくすぐるひとぞなき
功徳の宝海みちみちて　　煩悩の濁水へだてなし（「天親菩薩和讃」）

弥陀のよび声

法話に行ったあとで、私の法話に対して所感を書いてお便りをくださるのは、まことに嬉しい。左は、長崎Tさんのお便りである。

「先生、この度のお話の中で私に届きましたことは、『総て大法からの顕れである、不可思議ならざるはなし』と『大地より芽生え、大地に帰る』とおっしゃったことです。この道理は、今までもそうだとわかっていたのですが、家に帰りまして、このお言葉を反芻することしきりでございましたが、草のいのち、虫のいのち、私のいのちにおいては同格であり、一緒ということがやっと胸に届き、木の葉の散るがごとく大地に帰るんだと思い到りましたとき、先生のご本の『続一枚の木の葉の如く』を手にして、一気に読ませていただきました。そして、気がつきましたことは、その中に『私の目、仏の目』と題して書いておられる御文に、『私の目はさかさまに見る目』と書き始めておられます。それにびっくりいたしました。

引用されましたご和讃の、

罪業もとよりかたちなし　　妄想顛倒のなせるなり

心性もとよりきよけれど　　この世はまことのひとぞなき（「愚禿悲歎述懐」）

のお心もよくわかり、さかさまの目で見ていたことに気づかしていただきました。

今まで、誓願不思議がひっかかっておりましたが、いのちにおいて一つであり、うじ虫と私が一緒であることが、万象妙用の私と信知させていただいたことでございます。それが誓願不思議のお陰さまと、さらりと胸に解けて、感謝でいっぱいでございます。

S様とおっしゃる方が、『信仰は感動のところまで聞かなくてはいけないのでないですか？』と質問されましたとき、先生は『仏さまのおはたらきのまんまだから、そのままですよ』とおっしゃいました。

私はその時、感動のところでは救いはないと感じたのですが、私も感動のところでと錯覚していたことを、その時教えてもらいました。

『続一枚の木の葉の如く』と『あや雲のながるる如く』のご本を読ませていただくほどに、この度のご縁をいよいよ深めさせていただいています」

文中にある拙著は、もう三十年も四十年も前に書いたもので、私の手もとには一冊宛あるが、書棚の奥にしまって、前記のようなことを書いていたか、全く記憶にない、そのうち引き出して読み返してみたいと思っている。

『無余涅槃、有余涅槃』について、諸先生方のそれぞれにご意見があるが、私は左の

如く受け取っている。

山川草木、一切は元来「無余涅槃」である。大宇宙、大法界のご活動そのものの顕現である。ただ私だけが「有余涅槃」であって、私を立てて、自らが「有余」として苦悩し続けてきた。しかし、弥陀のご誓願によって、お念仏のご摂取によって、私の「有余」は解消させていただき、私も「無余涅槃」に帰らせていただいた。この体が死ぬとき、無余になるのではない。摂取していただいた瞬間である。摂取していただくと、「生死」が私の所有ではない。涅槃である。「煩悩」が私の所有ではない。涅槃である。

十一願に、

たとい我、仏を得んに、国の中の人天、定聚に住し必ず滅度に至らずんば、正覚を取らじ。

とある。摂取された瞬間、私は正定聚の身と知らされるのである。と同時に、滅度が成就するのである。「滅」は、私の煩悩が、如来の煩悩となる。「度」は、私の生死が、如来の生死となる。

この世は「正定聚」で、命終して「滅度」という意見も聞くが、私は同時である。摂取された瞬間「前念命終」である。即刻「後念即生」である。同時である。「摂取」において、私は「廻心」せしめていただくのである。

単なる五十年、百年の私の命でなく、無量寿如来掌中の五十年、百年である。「生死即涅槃」「煩悩即菩提、即涅槃」である。

この間、ある詩人の『横行』という詩を読んだ。

不滅の火があるなら
もっと幸せになるはずだが
こうも世の中が悪くなってゆくのは
善の火が消え
悪の火が燃えさかるからだ
特に近頃の日本はひどい
点火してあるく
悪鬼羅刹の横行

どこに悪鬼羅刹がいるのであろうか。私が第一の悪鬼羅刹そのものである。

悪を憎むを善じゃというが憎むこころが悪じゃもの

とおっしゃった槃珪《ばんけい》禅師のお歌も思い出せることである。

「それではどうすればよいのか」

釈尊をはじめ、諸師も、善悪の世界、浄穢の世界に、心がさいなまれて、求道がはじ

まったのである。

「有無をはなるとのべたまう」のお言葉があるが、善悪を逃げるのではあるまい。いよいよ、善悪、浄穢の虜になるばかりである。

悪性さらにやめがたし　こころは蛇蝎のごとくなり
修善も雑毒なるゆえに　虚仮の行とぞなづけたる
無慚無愧のこの身にて　まことのこころはなけれども
弥陀の廻向の御名なれば　功徳は十方にみちたまう（「愚禿悲歎述懐」）

と、親鸞聖人の大悲讃嘆の歓喜のみ歌である。

「弥陀の廻向のみ名」南無阿弥陀仏のご摂取に遇えば、功徳は十方に満ちたまうのである。三世十方、大宇宙、大法界の顕現の小宇宙である。

ここに善悪浄穢を南無阿弥陀仏の掌中に摂めてくださるのである。ここに有無を離れさせていただくのである。有無のあったまま、摂取してくださる大悲である。無慚無愧のままご摂取くださる大慈である。

たのめとは助かる縁のなき身ぞと教えて救う弥陀のよび声

ただにありがたし

一切が南無阿弥陀仏に摂まりしこと有難しただに有難し
いよいよこれが私の心境です。

「機法一体、南無阿弥陀仏」「大宇宙即小宇宙の万象如々」大宇宙が大悲の南無阿弥陀仏のお六字となって、万物のみ親となって、私の口を割って摂取してくださったのです。

私の胸には一物の滞りもなくなりました。すべてが南無阿弥陀仏の御ふところの中に摂めてくださったからです。

罪悪深重煩悩熾盛の衆生をたすけんがための願にてまします。と、『歎異抄』第一条にあります。

若い時から、私は私なりに、罪悪と煩悩にさいなまれてきたお陰さまで、お念仏が口を割ってくださって、私をはじめ、三世十方南無阿弥陀仏のおん掌中に摂めてくださったのです。

いずれにも行くべき道の絶えたれば口割り給う南無阿弥陀仏

大宇宙の真ん中におりながら、私の自由を求めて、欲楽の親を探し回っていたのです。みな収まりました。はじめから、あらゆる事象が大宇宙そのもののご活動だったのですね。

私の小さなものさしで、とやかく言っていたのですね。

天神地祇も、魔界外道も、罪悪も業報も、南無阿弥陀仏のおん掌中のものだったのです。出来事だったのです。今から出てくることも、ことごとく然りです。「われに手のなし」南無阿弥陀仏です。

先日、暑中見舞いのお葉書に、四国の信友から、

酔生夢死のままでよろしき安けさをいただきにけり弥陀のみ恵み

私のかつての歌に同心してくださったことを嬉しく思いました。酔生夢死を嫌うことも酔生夢死でよろしき心も、どちらも摂取してくださって、私の肩の荷が軽くなりました。

一切「私のものさし」で自縄自縛していたのですね。再び、改めて私の歓びを申し上げます。

大宇宙が、お六字の大悲の親さまになって、私を大宇宙に収めてくださったのです。また万物を収めてくださったのです。一切が大宇宙の如来さまの「ものさし」で活動

しているのです。私の「ものさし」まで、如来さまのものさしです。「救われる」ということは、私の胸の中に、塵ほどの滞りもなくしてくださることです。

お六字の大法界の中に、善悪浄穢も収まっているのです。生死も、煩悩も、山川草木一切収まっていたのです。

「暑いのに暑いと無駄なこと言う必要がない」と頑張っている人もいるが、「ああ、暑い、ああ暑い」と、いくら言ってもよいのです。いずれも如来掌中のことなのです。如来掌中とわかると、如来も消えて、まこと、一物も胸に残らぬ自由人となるのです。自由人となる、ならぬも言う必要のない自由人です。

「人は死ねばゴミになる」

「人は死ねば仏になる」

これは、南無阿弥陀仏に摂取されると、同格なのです。ゴミも「仏物」です。いったい、仏になるということは、ゴミが「仏物」と見えるようになることでないでしょうか。

どちらが本物か、嘘かなど思案していることが、意識分別の流転です。

分別が分別をして出離なし　無分別智の弥陀のよび声

「人間が死んだら」と問題を前に並べて、私も苦悩しました。前に並べては絶対に答えは出ません。

機法一体の信知を賜われば、三世が機法一体です。過去も、現在も、未来も、機法一体です。

死んだら、ゴミになるか、猫と生まれ変わってくるのか、一切如来の知ろしめすことなのです。

来し方も又行く方も今日の日も　我は知らねどみ運びのまま

毎月送ってくださる、ある仏教誌の八月号の小冊子が、本日届きました。「今月の法話」として、

我あるが故に、仏あるなり
仏あるが故に、我あるにあらざるなり

とあります。私においては、「仏まします故に、我あり」です。

今まで、我を中心にして長い間、私は心の流転を続けてきました。しかし、答えは見つかりませんでした。

思案の頂上のところに、大法界よりの大悲としてお迎えに来てくださった南無阿弥陀仏に摂取していただきました。機法一体、仏凡一体、親子一体の信知です。

親子一体と申しましても、親がましまさなんだら私の存在はないのです。私は親から生まれた子どもなのです。それで私においては、「仏ましします故に、我あり」です。ここに私の一切の解決はつきました。私の胸の滞りが、一時に払拭されました。

この度、長崎の佐々真利子さんが、私の二十数年前出版した『一枚の木の葉の如く』の再版をしてくれました。大変嬉しく思っています。

久しぶりに私の昔に書いたものを披いて目を通しています。二十幾年前も「如来大悲の南無阿弥陀仏」の感恩の一語に、終始一貫していることに、自分ながらありがたく思っています。

平成三年（一九九一年）

病中雑々

この世はお他力さまの世界
みほとけの世界である
だから困ったら
「みほとけの」を、はじめにつけると
一切苦悩は解消する
「みほとけの貪」「みほとけの瞋」「みほとけの痴」「みほとけの善悪浄穢」「みほとけの年齢」「みほとけの生死」「みほとけの煩悩」
分かってお念仏するのでない
分からぬから南無阿弥陀仏
助けがないから南無阿弥陀仏

となると
一切お他力さまのお仕事と分かる
一切みほとけのおん業と分かる
これを
「念仏は無碍の一道」と言う

誰がした、誰が悪いと
責任を人に持たせている間は
摂取の念仏はない
自分をかばっている間は
摂取の念仏はない
すべて我の責任となり
その責任も
自分で持ちきれぬようになったとき
ご摂取の念仏はお迎えに来てくださる

いずれにもゆくべき道の絶えたれば　口割り給う南無阿弥陀仏
ゆき詰まり又ゆき詰まりゆき詰まり　弥陀のふところあたたかきかな
ほのぼのとみ光させば愚かもの　馬鹿ものなどの卑下慢は消ゆ
すべてみな言うことなすこと大宇宙の　電源よりの顕現なりき
南無阿弥陀仏

分からぬから南無阿弥陀仏
助けがないから南無阿弥陀仏
親も兄弟も間に合わぬから南無阿弥陀仏
自分の心も身体も間に合わぬから南無阿弥陀仏
南無阿弥陀仏も間に合わぬから南無阿弥陀仏
そうなったら
すべてがお恵み、お恵みのまんまん中
南無阿弥陀仏

ゆくでご座らぬかえるでご座る　待ってくださる親もとへ

この歌は、福岡県八女市黒木の九十歳のおばあさまの歌である。

お浄土に「ゆく」とばかり思いつめて、六十年間苦悩し続け、聴聞続けてこられたおばあさまである。

若い時、近所のお友だちも自分も妊娠していたが、その友人がお産の時、急死したので、その時からの聴聞の連続であった。

おばあさまは今、機法一体の南無阿弥陀仏に摂取されたら、「ゆくでござらぬ、かえるでござる」のご安心が決定されたのである。「かえる」のは、無条件である。大地から万物が生まれ、必ず大地に無条件でかえる如きである。

おばあさまは、私の話す話に感心して聞いてござるのではない。南無阿弥陀仏の座で、同心して聞いてくださって、ただにこやかである。

病中に念う

七月一日退院して、はや三か月近くなりました。

お陰さまで徐々に体調よろしく、最近は、み堂の中を少し歩けるようになりました。

皆さまのご芳情を心から厚く御礼申し上げます。
まだまとまって文が書けませんので、時おりノートした雑々を、今月も載せさせていただきます。

私は「罪障」と呼び棄てにできない
「お罪さま」「お障りさま」と言う
このお罪さま、お障りさまを
自分の手で持ちきれなくなったところに
私は、大悲のお念仏に遇った
阿弥陀さまの摂取不捨のご利益を頂戴した

私の命は五十年、百年と
長い間苦悩を続けてきたが
ご摂取に遇ったら
私のいのちは零となった
私のいのちは光寿無量の

不可思議なる法の身と知らせてもらった

お念仏で私の自由をさがしていたことも
肉体滅びて浄土にゆくとかの迷いも
私の心から
全部消滅した
機法一体の南無阿弥陀仏を
信知させてもらった
先聖が
仏凡一体とか
娑婆即寂光土とか仰せられることが
自然に信知させてもらった

「感謝」
私のいのちは
無量寿のほとけのお命と知らされ

流転輪廻のこころに
とどめを刺され
決定心をいただいたことが
私の最上の感謝である
「懺悔」
無量寿のほとけのお命の中にあって
それを知らず
外に親をさがして
真のみ親を
尻に敷いていたことをお知らせいただいた
これが私の懺悔である
「感謝」も「懺悔」も
摂取不捨の賜物である

「煩悩を断ぜずして涅槃を得」
生死も煩悩も

ほとけの電源より賜わったものと
知らされ
煩悩は
生死を生死たらしめる
原動力と知らされ驚き入った
　阿弥陀如来の三業は　念仏行者の三業と
　彼此金剛の心なれば　定聚のくらいにさだまりぬ（帖外和讃）
煩悩がほとけのお働きと知らされたら
生きてよし死んでよしなどの
力みがおのずから取れた

「唯除五逆誹謗正法」
二十願ではいくら念仏を廻向しても
五逆誹謗正法の罪人には
絶対救済はない
人を唯除するのである

十八願では
無救済の罪人を
阿弥陀仏は摂取して
五逆誹謗正法のその罪そのものを
完全に唯除してやるとの仰せ
罪を唯除してくださるのである

自分のものさしで相手を見て
念々苦悩してきた私が
相手も
ほとけの電源よりの
お仕事をなさっていると
お知らせいただいたら
私の胸のしこりが取れた

「我あるが故にほとけまします」

これは、私においては、ご摂取以前の
世界であった
今は
「ほとけましますに故に我あり」である
「ほとけましますに故に万物あり」である

邪見憍慢の悪衆生は
誰でもない
私のことであった
万行諸善に得意になっていて
信楽受持すること甚だ以て難しと
仰せの通りであった
今万行諸善に追放され
転落したら下に
阿弥陀仏のご摂取がちゃんと
お待ちくださっていた

五か月の重い病気を賜わって
今まで
あちらこちらの人さまに
ご迷惑ばかりかけてきたことが
身にしみて知らされた
五十年の間
ご招待を受けては
平気で旅をしてきたが
先方さまに
どれだけ気をつかわせ
ご迷惑をおかけしてきたことかと
身にしみて知らされた
南無阿弥陀仏　南無阿弥陀仏

もったいない

もう八十六歳だもの
心筋梗塞で倒れたとき、親もとに帰っていても
もったいない
お命があって、半年の間
家のものみんなに
まことにご心配をかけ、お世話をかけ、まったくもって、申し訳がない、もった
いない、もったいない
病院がもったいない
主治医さん、看護婦さんたちのご親切がもったいない
病院で五十日間、つききりで世話してくれた家内に申し訳ない、もったいない
毎日何かと差し入れてくれたり
洗濯してくれたり、お嫁さんにお世話かけて相済まぬ、もったいない
退院してきて、長い間の病床生活

家のものの親切が身にしみてもったいない
報恩講さまに私は寝たままで
家のものは、夜遅くまでてんてこ舞い
ベッドの中で申し訳なくて、ただお念仏
私が倒れて
春の仏法聴聞会も延期され
父の十七回忌法要も延期され
三重の報恩講となった
ご迷惑かけて申し訳ない、もったいない、もったいない

今日はベッドから下りて久しぶりに炬燵に来た
そのぬくもりがもったいない
テレビで
以前旅行したところをあちこち見せてくれてもったいない
まだ眼が見えてもったいない

今日は冬日和
だいぶ歩けるようになって境内から、花畑の方を一周した
ドウダンの真紅の、今年のもみじの色を見せてくれてもったいない
鐘楼の石垣のまわりのツワブキの黄色の花
あたたかに咲いていてくれていて、もったいない
寒い冬がきたが
まだ残りの花が所々に
生き抜いて咲いてくれている
そっと手を触れて
いのちが通うて、もったいない、もったいない

法話に行って
住職が戴いて来たおスシがもったいない
よく噛んでいただく、もったいない
入れ歯だが、よく噛めて、もったいない
お風呂に入れてもらってもったいない

背中洗ってもらってもったいない、もったいない

リンゴご持参くださって、もったいない
大きな梨を送ってくださって、もったいない
柿を今年も送っていただいて、もったいない
家内に早速むいてもらっていただく
オイシイ、オイシイ、もったいない
いつも変わらぬ友情、もったいない、もったいない

羊羹、また送っていただいてもったいない
じゃが薯送っていただいてもったいない

あちこちからお便り戴きもったいない
お電話がくる、もったいない
こちらからもお電話する
ナマのお声が聞けてもったいない

足を運んでお見舞いくださってもったいない
お志いただいてもったいない、もったいない
お志送っていただいてもったいない、もったいない
いつお迎えが来てももったいない
み親のお邦から来て、み親のもとに帰る
やすらぎを頂戴したことが、一番もったいない、もったいない

平成四年（一九九二年）

ただ念仏

「ただ念仏して弥陀にたすけられまいらすべし」
お念仏して、それから弥陀にたすけられるのではなかった。
ただ「南無阿弥陀仏」と称えることがお助けであった。
お母さんと呼んで、それから助けられるのではなかった。
お母さんと呼ぶことがお助けである。
「なむあみだぶつ」と称えることがお助けである。

一度お念仏に摂取されると
「障り多きに徳多し」である。
困るほど、行き詰まるほど、障りの多いほど

口を割って、お念仏は私を摂取に来てくださる。
まことに、「念仏は無碍の一道」でまします。

「衆悪の万川が大海に帰する」が如く、罪悪深重煩悩熾盛の衆生を助けんがためのご本願であった。

「助けてください」の南無阿弥陀仏ではなかった。
いよいよ私に助けがないから、南無阿弥陀仏であった。

お念仏に、とやかくの説明は要らぬ。理屈は要らない。要らぬどころか、理屈のある間は、まだ私のほうに、何らかの救いがあるからである。
救済絶無のものはただただ

「南無阿弥陀仏、南無阿弥陀仏」である。

「大行とは、すなわち無碍光如来のみ名を称するなり」とある。
なんで大行なのか。
南無阿弥陀仏は、大海である。大法界である。

何でも、そのまま受け入れてくださる、摂取してくださる。

小行でない。

大行である。

大行は、如来からのご廻向である。

大宇宙が、お慈悲の南無阿弥陀仏になって、摂取に来てくださったのである。

大法界がお六字になって、私をお迎えに来てくださったのである。

いつでも、どこでも、私の行き詰まるごとに、大宇宙のお母さまが、お六字になって摂取にお越しくださるのである。

子どもに理屈はない。ただ「お母さん」である。

お念仏に理屈はない。ただ「南無阿弥陀仏」である。

私は、心筋梗塞で倒れた。

その瞬間は苦しいだけ、

少しおさまると、お念仏が口を割ってくださった。

とめどなく口を割ってお出ましくださった。

まことに「いずれにもゆくべき道の絶えたれば口割り給う南無阿弥陀仏」であった。

昨年五月倒れてから、この正月もベッドの上である。あるいは炬燵である。
ベッドと炬燵の往復である。
去年の秋には、あたたかい日
境内を散歩したり、花畑にも行った。
この頃は寒いので、み堂の中を二、三周しての運動である。
歩きながら、小声でお念仏がお出ましくださる。

お念仏がなかったら大変である。

衆悪の万川を、そのまま受け入れてくださる大海がなかったら、大変である。

私のいかなる罪悪も、障害も、お念仏は私の口を割って、南無阿弥陀仏とお出ましくださる。

私をやさしく摂取に来てくださる。

大海のあたたかさである。やさしさである。ぬくもりである。大慈悲の南無阿弥陀仏である。

ふっとお念仏がお出ましになる。

はてなと、心に振り返って見ると、何かに行き詰まっていることを知らされる。

お念仏は慈母である。先手をかけての救済である。


行き詰まることにお念仏が口を割って、お助けくださる幸せをしみじみと感ずる。

親鸞聖人も万策尽きて、法然さまの仰せのままに、ただお念仏あそばしたのである。

私も聖人と同一の立場に立ったのであろう。

口を割ってお念仏がお出ましになった。


念仏は無碍の一道と言われる。

無碍の一道とは、どんな罪でも障りでもみんなみんな、ご摂取くださるからである。

私もすでに無碍の一道のお念仏に遇っているのであろう。

過去の罪障が次々にあらわれて私は苦悩する。しかし、それは瞬間である。

たちまちお念仏が口を割ってお迎えに来てくださる。

静かに寝ていても、心は過去のこと、現在のこと、未来のこと、家のこと、他人さまのこと、果ては地球の崩れる日のことなど、まことに多忙な私の心である。

しかし、最後お念仏が口を割ってくださって、一件落着の救済をいただく。

ゆき詰まり又ゆき詰まりゆき詰まり弥陀のふところあたたかきかなまことにお念仏は、最上最大のお助けの母であり父であり、仏でましますす。一切合切のお助けのみ親、南無阿弥陀仏でましますす。

我執にぞ生く

S婦人よりのお便りである。

ここしばらく晴れやらぬお天気が続いておりますが、京都はぼつぼつ桜がほころびはじめました。

ご無沙汰ばかり重ねておりますが、先生のお体の調子はいかがでございましょうか。

いつもお心をかけていただきましてありがたいことです。

先達より先生にお電話したいと思っておりましたが、なんとも恥ずかしくて、今日はペンを持ちました。

長い長い間、先生よりお育ていただいて、やっと明るい世界に出させていただきました。お話も聞かせていただき本も幾回も読ませていただきながら、どうして今日まで、このこと一つがわからなかったのかとも思い、また私如きものがこのような安らかさの中に住まわせていただいてと、もったいなくも思ったりしております。

宿業の身とかいろいろ口では言いながら、本当はわかっていなかったと、今わからせていただきました。いつも心が問題でうろうろしておりましたが、先生のお歌の中に、

我執をば取らむ心ぞ我執なり弥陀に賜いし我執にぞ生く

このお歌もずっと以前に高倉会館でいただいた先生のお歌の中の一首で、いつも目にしておりましたのに、この度ポッと私の中に灯がついたように……もてあましていたこの心が仏さまよりの賜わりものであったのだと……ようやく頷けてきました。

そうしましたら糸がほどけていくように次々としこりの種がとけてきまして、先生の如来さまのお手の中の実感がわいてきまして、身も心も軽々と日送りさせていただけるようになってきました。

いつまた心が変わるやらと心配でしたが、もうひと月になりますし、先生に申し上げてもいいのではないかと、お便りをいたします。

先生、本当にありがとうございました。どう申してよいやら言葉もないような不思議さをいただいております。

お目にかかってお礼を申し上げたい思いいっぱいですが、今は足の方が思うように動きません。そのうちにまたと思っております。

先生よりいただきましたお教えの中で心安らかに日を送らせていただける幸せをかみしめております。

先生、どうぞ御身御大切にあそばしくださいませ。

いつかお会いできる日を楽しみにいたしております。

宮崎のE兄よりのお便りである。

ご無沙汰申しております。

『法爾』一月号拝見して「再びをすこやかになり……」とお詠みになったお心をうかがい、涙のこぼれるほどありがたく、正遠先生の上にも私どもにとりましても深く尊いご廻向冥加に合掌いたすばかりでございます。南無阿弥陀仏。

「旅恋ふる夫と向き合ひ炬燵かな」にも浄秀寺さまのお部屋の語らいのあたたかさが、そこに私がお邪魔しているような心持ちでございます。

昨年拙宅にお越し賜った折、お出発の間際に「大衆を統理して一切無碍ならん」の条について、「自利他利」をお示しいただきましたが、それ以来、いつも私の頭から離れませんでした。

ご著書の『あや雲のながるる如く』の中の、「私は無碍である」の上巻九二頁を拝見するに及び、先生が再三私に「君のは欲楽念仏だからねー」とおっしゃってくださった内容に今さらのように気づかされ、冷水を浴びる思いでございます。あれだけ電源のお話を繰り返し繰り返し聴聞していましたのに恥ずかしい次第です。私もあの人もこの人も、あの花も木も鳥も如来より賜りしおいのちであり「一切が既にそのまま統理されている」のご教示に、私はまことにおこがましい限りでした。妄想顛倒の錯覚のお言葉も全く私のことでありました。申し訳ありません。ほんとうにありがとうございました。

「心得たるは心得ざるなり」も私へのお示しでございました。「欲楽念仏のかたまり」である私の姿を、心の奥を見さしていただきました。

最近は先生のご本を一日に二、三頁をゆっくり拝見することに心がけております。さすれば佐々様のお骨折りくださいましたご本も私のいのちの尽きるまで再読味読を重ねますとご聴聞できますし大安心でございます。先生はじめお寺様のご息災を念じ

つつ　南無阿弥陀仏

なんという不思議な完成されたお他力の世界であることよ。

相対的に、自力に対する他力と言っているのではない。全く完全無欠の、自力と思っていることも、全部含めての絶対他力の世界を言っているのである。

お他力、仏力と言ってもよい。永遠不変の仏のおいのちの世界。

昨日は春近き雨で、まったく目を見張るように若芽が伸びていた。

背戸のサンゴ樹の垣を、去年の暮れに平らに刈って揃えたのに、二、三十センチの新芽が、あっちにもこっちにも、中天に向って伸び立っている。

道べの草は、一斉に緑に萌え、息づいている。

なんという大自然のお命のご活動であることよ。

私にもまだ賜わったお命があって、お与えのこの足で、寺の周囲を回っている。

まことに一切、三世を通じての完成された大宇宙ほとけのおいのちの大法界。

森羅万象、永遠狂わぬ仏のお命の脈々と生きて流動し、活動している大法界。

一本の草のいのちと、私のこの息づいているいのちが一つで、大宇宙のご活動のおいのちのお命。

我に未だ残光あり。この残光の中に楽しく生きてゆこう。
残光尽くれば、安らかなあたたかい御大地が待ってくださっている。
南無阿弥陀仏

あや雲の流るる如く

あや雲の流るる如くわがいのち永遠《とわ》のいのちの中を流るる

美しい雲が輝きながら、大空を静かに流れているように、私も、みほとけの永遠のおいのちのなかを今、静かに生かされ流されているのである。一息一息、不可思議のおいのちの中に生かされ流されているのである。

私だけでない、万人万物然りである。草も木も、一匹の虫の命の中にも、みほとけの血潮が流れて生かされているのである。万人万物同じみほとけの血潮が流れて生かされているのである。新鮮な、まじりけのないみほとけの美しい血潮である。まことに万物一体、三世を通じて然りである。

来し方も亦行く方も今日の日もわれは知らねどみ運びのまま

私は今、何で生きているのか全くわからない。今日まで生きてきた意味もわからない。無論未来もわからない。全く何もわからない。わからないところに、すべて「み運びのまま」というところに心が定まって、楽になった。まことに、みほとけのみ運び一つである。

南無阿弥陀仏口を開きて称うべし　称うる人に灯る法《のり》の灯《ひ》

私は、お念仏が口を割ってくださったところに、私中心が、法中心に心を移動させてくださった。一切は大法から出ているのである。

電灯に五燭、十燭、千燭の区別はあるが、電源は一つである。その如く、宇宙万有の千変万化は、根元の如来の大法から一切出来しているのである。

南無阿弥陀仏と私は口を割ってくださったところにこの世界を知らせてもらった。

逃れむとするわざやめてみ光のなかにすべてがあるを知るべし

私は大法の真ん中にあるのであるが、それがわからないものだから、長い間、外に向かって、大法の世界を探し回った。愚かなことであった。しかし愚かなことをやったお陰で、力尽きたのであろう。生まれ出ることも、生きていることも、今も、未来

も、すべて大法のご活動の中にあることがわかった。大法即私、私即大法である。

いずこにも行くべき道の絶えたれば口割り給う南無阿弥陀仏

私は私の力で、自分の体を持ち上げることは、絶対できない。しかし、持ち上げようと、懸命にやったようである。この自分の体を自分で持ち上げることができない。万劫かかっても持ち上げることができない。まことに情けないことである。しかし、この情けないお陰で、私の口からお念仏が、口を割ってくださったのである。お念仏に摂取されたら、おのずから、私の体は自由自在の身となった。

トンボが、ガラス戸に頭をぶっつけて、ぶっつけて、ついにはそこで力尽きて、死んでいるのをよく見る。うしろに広大無辺の自由自在の世界を、トンボは、知ることができなかったのである。

私もトンボと同じく、ガラス戸に頭をぶっつけ続けた。ついには、そこで命果てたかもしれない。

しかし幸せなるかな、お念仏が口を割ってくださったとたんに、広大無辺のうしろの世界を知らせていただいた。今はこの広大無辺の世界を自由自在に飛び回っているのである。

念々に襲う苦悩の棄て場所となり給いては南無阿弥陀仏

今、私に苦悩はない。苦悩はあっても棄て場所がある。苦悩があって苦悩がない。腹がへっても、空腹を満たしてくださるご飯がある。腹がへるほど、ご飯がおいしい。

「障り多きに徳多し」、これは常識ではわからない。「障り多きに障り多し」が常識である。お念仏に摂取されたものは、いよいよ障りの多いほど、お念仏のご摂取に抱かれる。達者な人に医者は不必要である。心の病の人にお念仏の広大無辺の名医がましますのである。

どんな病人でも、即刻、南無阿弥陀仏が摂取に来てくださって、ことごとく救済してくださる名医でまします。快くする、快くしないの人医ではない。そのまま摂取してのお救いの名医である。そういう南無阿弥陀仏でまします。こちらは棄て場所であるが、どんなものでも摂取くださるお念仏である。苦悩の大きいほど、棄て場所となって摂取くださる大悲である。いかなる苦悩があっても、口に出す前に摂取に来てくださる南無阿弥陀仏でまします。

一息が永遠《とわ》のいのちと知らされてすべてのものが輝きて見ゆ

一息が永遠のいのちと知らされて三世十方闇晴れにけり

南無阿弥陀仏は、私の息と思っていた錯覚を仏の息と訂正してくださるのである。仏の息は無量寿である。千古を通じ、みほとけの息は脈々として万人に流れている。草木の呼吸を私はわからぬが、しかし、草木に耳を当てると、ほのかに一枚の木の葉の息遣いが聞こえてくるようだ。

この私の一息が、大宇宙の息をしているのである。万物それぞれに永遠に如来の息をしているのである。

過去、現在、未来、永遠から永遠にかけて、万物が、一息一息、ともどもに如来の息をしているのである。

地球だけではない、宇宙万有が、私の息と、同じ息を、一緒に同時に吸うて吐き吸うて吐いているのである。

照る日曇る日天のまにまに

こちらには退転すると見ゆれども照る日曇る日天のまにまに

人間の眼から見ると、進歩するとか、退歩するとか、退転、不退転とかいうが、仏の眼から見れば、照る日、曇る日、天のまにまに、出たままの救いである。

私たちは相対有限の世界で苦悩するが、私たちを絶対無限の世界に往生させて救済してくださるのが、お念仏の効用である。

お念仏は、大宇宙が母親となって、どんな時でもどんなものでも摂取してくださる大悲の親である。


梨の味葡萄の味とかわれどもかわらぬ命の味それぞれに

このごろは、梨の味や葡萄や、おいしい秋の味覚の季節である。

去年の梨の味も、五年前、十年前の梨の味も、全く同じ味である。葡萄もそうである。無花果も、柿も、果物すべてがそうである。

全く不可思議な神わざである。仏さまの賜ったみ恵みのお味さまである。永遠に変わらぬみなさけである。もったいない。


大地《おおつち》のいのちを享けてわが庭に酸漿《ほおづき》の実のほの匂いたり

ほおずきの袋の先がほんのりと赤い。開いて見ると、丸々の実が、ほんのりと赤い。

ほおずきの命と私の命とほとけのお命が一つになって、私は満ち足っている。なんという無垢な手垢のつかぬ色。

念仏と一枚にあるおのが身を先ずことほがむ年のはじめに

私の四十歳くらいの時の歌かと思う。今もこの通りである。無限のほとけのお命と、有限の私の命が一枚である。機法一体の南無阿弥陀仏である。

罪障が一彫り一彫りわが胸に絶対無限の像を刻むも

「罪障功徳の体となる」「障り多きに徳多し」

罪障を元手にして、絶対無限の大法界に転入させてやろうとの大誓願である。こんなもったいないお救いがどこにあろうか。

如来大悲の恩徳は　身を粉にしても報ずべし
師主知識の恩徳も　ほねをくだきても謝すべし（「正像末和讃」）

と涙ながらに仰せられたお気持ちが察せられることである。

み誓いの無戒名字の比丘われはただほれぼれと念仏申す

いよいよ一文不知の私、さらに罪悪深重、煩悩熾盛の私、万策尽きた私に広大無辺のお念仏の大慈大悲をご廻向していただいた。何も言うことはない。たとえば終身刑の囚人が、完全に解きほどいていただいたみ恵みである。ただ、ほれぼれと、お念仏申すばかりである。

いよいよに絶対無限の妙用の確かさの中にあるは安けし

私は若い時からよく病気をした。老年になっては、なおさらである。ホッと気がつくと、ひとりでにお念仏が口を割ってくださっている。

お念仏の効用など申すのは、おこがましくも思うが、まことにお念仏さまである。行き詰まっているとき、考えに困り果てているとき、心臓で息が苦しくなったとき、心臓発作のおきたとき、まったく自分で自分の始末のつかぬとき、苦しくて声が出ないときは、こころの中で、ただただお念仏である。

絶対無限の妙用から大悲として口を割ってくださる南無阿弥陀仏である。

生ける人死にてゆく人みんなみんな南無阿弥陀仏のお手の中のこと

我に手のなしである。全く発言権なし。「死んだらほとけ」というが、肉体の死を待た

ず、ただ今完全に、我に手のないところに、ほとけのご廻向がある。我は法の身である。私は法の身と知らされた瞬間、山川草木悉皆成仏、ここは大法界である。まことに自然のお浄土である。

大法界中の、生であり、死である。

一寸先闇なる故にいよいよに南無阿弥陀仏のみ手のまん中

自分で呼吸しているように思うけれど、この一息は私のものでない。絶対他力の南無阿弥陀仏の呼吸である。

自分の息なら、四月か、十月の天気のよい、家族そろった中で、にこにこして死ねばよろしい。

西行は、春の桜の花の頃、死にたいと言って、その通り、死んだかもしれないが、それは万人に一人である。

こちらの自由皆無のところに、完全無欠な大自然の大法則の一分一厘狂いない大宇宙の大運行が、いよいよ信知されることである。

称うれば痛み悲しみ罪けがれ皆摂取され南無阿弥陀仏

痛い痛いと泣き叫びながら八十年積み重ねた罪けがれの真ん中に、泥田に蓮の花の咲くごとく、一瞬、南無阿弥陀仏のご摂取がある。また全くの泥田の生活であるが、この一瞬の蓮の花の清しい南無阿弥陀仏である。この一瞬が最上のよろこびである。

お与えのままに生きなむ

お与えのままに生きなむ朝咲きて夕べ素直に凋む花あり

一日中何かとイライラして生きている自分が切なくて、ふと静かに朝咲いて夕べ素直にしぼむ花を見て心が何かホッと安らいだ時の歌である。

宿業を見つむる眼《まなこ》打ち捨ててただほれぼれと　南無阿弥陀仏

お念仏は私の欲望を満たしてくださるものではない。その反対である。私の欲望の無駄なることを教えてくださって、大法が摂取に来てくださるのである。

摂取の世界は、人間の勝手な救いの全くないことを教えてくださるのが第一の慈悲である。そうして、人間の無救済の下に待ち受けてくださって、無条件にそのまま抱

き取ってくださる救済なのである。
私はただほれぼれと、南無阿弥陀仏さまである。

任運法爾われに手のなし任運法爾　今日の一日のたのしかりけり

任運法爾というのは、その裏に、私はどんなにもがいても、もがいても、おのれの救済の絶無ということである。そこにお念仏が摂取にきてくださって、私は摂取の救済をいただく。

無救済が福と転じて、任運法爾、今日の一日の楽しかりけりである。

掌《て》のくぼに受けし日射しと遊びつつ汽車を待ちいる山の駅かな

私は旅が好きである。若い頃は、よくあちこちと旅をしたものである。「ひとり旅」である。

時には、一時間も二時間も、連絡の汽車がなくて待つことがある。しかし、遊びの旅であるから、退屈はしない。

掌のくぼに受けた日射しと遊んで、汽車を待っている。あの頃がなつかしい。今私は原稿を書くのを止めて、手の平をくぼめて眺めている。今は老い果てて、ひとり旅

はできないし、歩く旅はできない。

しかし、私の眼の中に、あの時のことが、明瞭に浮かび出て、胸の中が熱くなる。阿蘇の山道が見えてくる。雲仙の草原で食べた弁当、おにぎりが。思い出はありがたい、もったいない。

　闇破れ光りに遇いし釈尊の第一声が南無阿弥陀仏

お念仏が口を割ってくださったところから、私の一切の胸のしこりは取れた。一切ほどけてきた。仰せの通り、「念仏は無碍の一道」となってくださった。釈尊も、そうであったであろうと推察する。

　法界を見出でたまいしみほとけの南無阿弥陀仏にわれも遇いけり

「われも遇いけり」は、ちょっと言葉が弱いように自分でも感ずるが、私が切に言いたいことは「われも遇いけり」である。まことに「われも遇いけり」である。

　西瓜とぞならむと願いし行破れ南瓜ぼとけとなりし釈尊

釈尊を高いところに奉って偉い人と思うのは、釈尊はお喜びなさるまい。釈尊と同

格で、御同行御同朋と釈尊と席を同じくすることをお喜びなさると思う。

この大法界を見出でてくださったご恩徳。そのご恩徳に私も浴させていただいたことに関しては身を粉にしても私は感謝申し上げる。

私は、私より上にものがあったり人があったり、また下にものがあったり人があったりしたら、私は死にきれない。

大宇宙の仏さまの御ふところに、地球も太陽も一匹の虫も、森羅万象すべてのものが収まっている。すべてが大宇宙のほとけの一人子である。同格である。ほとけのみ息をすべてのものが息づいているのである。ここに私の安心がある。一切そのままに、西瓜ぼとけに、南瓜ぼとけである。

西瓜ぼとけ南瓜ぼとけとおのもおのも安立したるここは法界

今さら悉皆成仏ではない。永遠の昔より、未来永劫に、一切成仏しているのである。自然の浄土である。自然の浄土より生まれ、自然の浄土に帰る。今ここが、自然の浄土である。お浄土を外に向かって探し回っていたのである。外に向かって探し回った手の捨たったところに、ここがこのまま、自然の浄土だった目が開けるのである。なんという荘厳された輝きわたっているこの自然の浄土よ。

まことに、西瓜ぼとけ、南瓜ぼとけとおのもおのも、永遠に安立している、ここがこのまま大法界である。何も流転してはいない。流転即常住なのである。
一指触れることを許されぬこの大法界さまである。

ハラハラと御用終わりて散りしあと美しき新芽みな光りいて

ああ、一切大法の狂いないお運びである。如来のお運びの中に、御用終わって、ハラハラと木の葉は散る。散ったあとに、みずみずしい新芽がつやつやと光り輝いて、そっと頭をもたげている。

藤原正遠師を想う

藤原正遠師と坂東報恩寺

坂東 性純

藤原正遠師と坂東報恩寺とのご縁は、父の坂東環城が大谷大学の同期ということで親しくさせていただいたのが始まりだと思います。環城は、昭和六年に報恩寺に婿養子として入寺しましたから、それ以後のご縁だと思います。その当時、正遠師は横浜の女学校の教員をされていたということですから、報恩寺へもたびたび来ておられたと思います。

報恩寺では、暁烏敏先生や高光大船先生、また藤原鉄乗先生の法話会もよく開かれていました。母の話によると、高光大船先生もかつて来寺されたことがあったそうです。高光先生は、夜になると目が輝いてきて、夜中まで信心の談合が続いていたとのこと。

昭和七年には訓覇信雄先生が、東京仏眼協会の主事となられて東京に来られました。訓覇先生は、高光大船先生を師と仰がれておられた方でしたから、よく報恩寺へ来られました。工事中の今の本堂の脇で父と並んで写っている写真が残されています。

訓覇先生も父環城と大谷大学を同年に卒業しておられます。ほかに、同期生としては、松原祐善先生や吉田龍象先生などがおられ、よくお見えになりました。

暁烏敏先生は、私もよく憶えています。拙寺が「東京暁烏会」の会場になっていましたから、しばしばお目にかかりました。暁烏先生が来られたとき、「ご挨拶しなさい」と、両親に押し出されて先生の前に出ますと、先生のご挨拶は握手で、いきなり手を取られて驚きました。暁烏先生と握手したときの大きく温かい掌の感触は忘れえません。

また、藤原鉄乗先生が、報恩寺に来られたときに私がカメラに収めた写真が今でも残っています。それは、庫裏の焼け跡を背景にしていますから、昭和二十年以降の写真です。そこに見られる先生は、たまたま片方のお眼に眼帯をつけておられます。

現在の拙寺の本堂は、祖父の時代、昭和十年に建てられたもので、当時としてはめずらしく、鉄筋コンクリートが用いられています。一六〇二年（慶長七年）に江戸に来て以来、一九二三年（大正十二年）に関東大震災で被災するまでの間、およそ三百年の間に十一回火災に遭い、その都度本堂を焼失しています。十一回目が関東大震災でした。

そのため、昭和十年の再建の時、祖父が地震と火事に耐えられるようにと、当時の最新の建築方法であった鉄筋コンクリートで、本堂を建てたのです。東本願寺の御家人棟梁・伊藤平左ヱ門先生の父上がこの大工事にあたってくださったそうです。

ところが、木造の庫裏・書院だけは、十年後の昭和二十年三月十日の東京大空襲の罹災を免れることはできませんでした。

東京大空襲では、門前の左ヱ門橋通りから浅草方面が焼けて、上野側はほぼ残ったのです。明け方

ごろまで境内の建物全体は無事だったのです。

ところが、昼ごろになって、北のほうに残っていた火がまた燃え広がって、北風に乗って南下し、残っていた北側の庫裏・書院が類焼する羽目になりました。そのとき鉄扉のついた鉄筋コンクリートの本堂に通ずる回廊まで焼けたのですが、もう周りに燃える物がないので自然鎮火したのです。

火の勢いがそれほど強くなかったということもあるかもしれませんが、本堂には何の被害もありませんでした。祖父の「火事に強い本堂を」という願いが通じたということでしょう。

このように、拙寺へは、いろいろな方がおみえになって法話会が開かれていたのです。父の同期である正遠師や吉田龍象先生がおみえになることがわかると、急遽、臨時の法話会の案内を出しました。私は、父からその案内状のためガリ版を切って葉書の通知状を出すよう毎回命じられました。

父は、立派な先生方がせっかくポツンと焼け残った寺に来てくださるのに、近くの人々だけで聴聞するのではもったいないと思ったのだと思います。縁のある方々に広く案内を出して、みんなで法縁に浴することをいつも願っておりました。そんなことで、いつもにぎやかだったご法縁の情景をよく憶えています。

また、父は『開神』という雑誌の編集を昭和十年から昭和十九年まで続けていました。曾我量深先生と金子大榮先生が大谷大学をやむなく去られてから、京都や広島においてかつての教え子の方々が両先生のお話を聞くことが続けられていました。その方々が、各々郷里に帰られ、全国に散在されるようになった状況の中で、同人をまとめる雑誌が必要だということになり、『開神』という雑誌が出

版されることになったのです。

内容は、曾我先生と金子先生の玉稿が中心で、ほかに二、三人の人びとからの寄稿を加えた雑誌です。その『開神』に、正遠師も原稿を書いておられますから、ずいぶん頻繁な交流が、父との間であったのだと思います。

後になって、正遠師が浄秀寺へ入寺されてからも、報恩講や永代経のご法話に来ていただくようになりました。正遠先生の晩年には、利枝先生もご一緒に来られるようになって、お二方からお話をいただくようになりました。

そのように、長い間ご縁をいただいて、尊いお話を聴聞させていただいたわけですが、正遠先生のお導きの特色の一つは、何よりも和歌によって信心の世界を人々に伝えていかれたことだと思います。親鸞聖人の残されたものを拝見しましても、『教行信証』や『文類聚鈔』のような思想的な書もあるのですが、それらと並んで、『和讃』も数多く作られています。

また、『正信偈』というのも偈頌で、やっぱり漢文の詩です。それが『教行信証』の要にあって、蓮如上人はそれを朝夕の勤行の型の一部とされたわけです。それ以後、浄土真宗のご門徒は、『正信偈』と『和讃』によって宗教的情操を育てられてきたという意味があります。

ところが、明治以降、宗教が思想哲学として語られることが多くなって、情的な面がないがしろにされる傾向が強くなってきました。

親鸞聖人を『教行信証』的視点から見ると、ストイックで厳しい感じがします。しかし、それだけ

が親鸞聖人の全部ではありません。罪悪深重、煩悩熾盛の凡夫と、人間の罪業に苦しまれながら、無礙の大慈悲に摂取されて、信心歓喜の世界を開かれた、まことに深い人間の感情の世界を生きられた一面があるのです。

宗教は、深い苦悩と無上の喜びが共に語られるような世界です。絶対矛盾的自己同一というような、言葉では表現し尽くせないような世界です。そのような宗教世界を伝えるために情の世界、歌の世界がどうしても必要になるのです。思想だけでは、やはり魂が解放されないということが、人間にはあるのだと思います。

私は、大谷大学に席を置いておりましたが、大学には、曽我量深先生、金子大榮先生、鈴木大拙先生と立派な先生方がたくさんおられました。また安田理深先生や西谷啓治先生などもおられました。そのような先生方を慕って、多くの人々が大谷大学に集まってきました。一般の市民や他の大学の学生も数多く出入りしていて、大谷大学が文化の中心のような気がしたものです。

しかし、そのような知的な営みとは別に、しかも同時代に藤原正遠師というお方がおられて、親鸞聖人の救いの世界を和歌を自在に駆使して多くの人々に伝えておられたわけです。そのような営みが、車の両輪のようにあることで、親鸞聖人の全体像が人々に伝えられていくのだと思います。

どちらか一方だけでは、親鸞聖人の全貌を伝えたことにはなりません。それを痛感させられたことがあります。私があるカルチャーセンターで「和讃」のお話をしていたときのことです。何回目かのとき、熱心に聞いてくださっていた受講者のお一人が、

「和讃というのは、親鸞聖人が声に出して読むように作られたと思うのですが」

と言われたのです。それで私は、

「その通りだと思います」

とお答えしたところ、

「それなら、皆で声に出して読むようにしてはいかがですか。そのほうが親鸞聖人のお心がよくわかるように思うのですが」

と言われて、ハッとして、それ以後、毎回和讃を皆さんと朗唱するようにしたのです。

私自身、歌心がないものですから、『和讃』の解説をするときも、作られた和讃の出典とか、ご左訓など外面的なことばかりを詳しくお話するようなことになってしまっていたのだと思います。

そのような話を何回か聞かれて、大きな違和感を持たれたのだと思います。ですから、それは『和讃』を作られた親鸞聖人のお心の半分であって、あとの大切な半分は歌として味わうことだと指摘されたわけです。このご指摘は、私自身、まるで考えたこともなかったものですから、本当に深く感じ入りました。

その時に感じたことは、『正信偈』も偈頌ですのに、歌として味わったことが全くなかったということでした。浄土真宗の教えの要が説かれているものとして『正信偈』を考えることはありましたけれど、七言の偈頌を連ねた作品であるという事実をそのまま受けとめるということは、まるでなかったわけです。

このように、偈頌としての側面を忘れたままで親鸞聖人の他力信心の世界を語っても、もとの生々しいお心には触れられぬわけです。むしろ、歌心にハーモニーした心で他力信心を語ったほうが、直接心に響くことが多いように思います。

そのように考えると、正遠先生が全国各地のさまざまな職域の方々と広くご縁を結んでいかれたのもうなずける思いがします。歌や情的な心は、人間の思弁を超えて、直接心に届くわけです。ですから、誰でもわかる、というより感じることができて、他力信心の深奥をじかに伝えることができるわけです。

これが宗教の教化の原点だと思います。思想化は、他力信心の普遍化や他の宗教との対話をするためには不可欠です。しかし、一個人の救済は、そのような思想的宗教だけではできないことで、やはり情的な心が不可欠なのです。それを、正遠先生は生涯をかけて実証して見せて下さったということは、まことにすばらしいことだと思います。

正遠先生については、もう一つ深い思いがあります。正遠先生は、大谷大学で良寛を研究なさったそうですが、父、環城が、それに深く影響を受けていたということがあるのです。

父は昭和五十七年に七十八年の生涯を閉じましたが、亡くなる直前、私が病院に見舞いに行ったとき、私の問いかける眼差しに対して

「良寛が見たい」

と答えたのです。自然法爾の境涯に遊ぶ良寛の書に触れたいと思ったのでしょう。私は、父の書斎に

ある良寛の法帖を今度来るときに持ってきますと約束しました。

しかし、それを持っていくこともできないうちに、父は息を引き取りました。ですから、臨終に会えなかった私にとっては、「良寛が見たい」の一言が父から聞いた最期の言葉になったのです。そしてこれは、まさしく正遠師からの影響だと思っています。

私は、正遠先生から数多くの尊い教えをいただきましたが、いま振り返って思えば、左脳の独走に陥りがちな私に、いつも人間の心を忘れるなと警鐘を鳴らし続けてくださっていたように思います。

平成八年のお盆会は先生ご夫妻がお揃いで来講された最期の機会となりましたが、翌日朝、駅への途次、わざわざお立ち寄りくださり、数枚の色紙を一気にご染筆くださいました。前の日は来客が次々と引きも切らず、お書きくださる時間がなくなってしまったことに責任を感じられたからでございましょう。摂取不捨の大悲心を身をもってお示しくださったのです。

藤原正遠師と私

土井 紀明

私が藤原正遠先生（以下、正遠先生）とご縁をいただいたきっかけは、昭和三十八年に私が大谷大学の一回生だった時、大学の寮で向かいの部屋にいた水谷葵君から「こんないい本がある」と、たまたま見せていただいたのが正遠先生の書『あや雲の流るるごとく』でした。このご本の内容に非常に感銘し、むさぼるように読ませていただきました。それから程なく、先生のご自坊での浄秀寺夏期仏教講習会に何度も寄せていただくことになりました。

夏期講習会は、全国各地から熱心な聞法求道の人たちがお集まりで、正遠先生のお話のほかにも藤原鉄乗先生、吉田龍象先生、池田勇諦先生などのお話がありました。しかも、ただ講話があるだけではなく、休み時間には各先生方を中心に自然に車座ができ、真剣に談合するという、まさに真宗の道場とはこのようなものかと鮮烈な感動を覚えました。私は正遠先生の後ろについて質問責めにさせていただいたことを懐かしく思い出します。

先生への質問は我が身のナマの問題、ことに苦悩を通した質問でないと受け付けていただけないほどの厳しさを感じました。単なる教養的な質問を先生は好まれませんでした。「我が身を通して発言

しなさい」と自ずから求められていたのです。

先生のお話は、苦悩煩悶を抱えている私たちにとっては不思議なほどに安らぎを与えてくださるお言葉でしたので、重い人生の荷がホッとおろされる経験をされた人はずいぶんおられると思います。

それに、先生に接した方は誰しも感じられたと思いますが、すこぶる優しい方で、実に細かいところまで人のために気を配られるお方でした。この点が先生のなんといっても魅力のあるところで、私などのとうてい真似のできるものではなく、「先生は前世が違うのだ」とまで感じ入った次第です。

こんな逸話をお聞きしました。先生は一時、本山に勤めておられたことがあり、その時も今と同じようにホームレスの人たちが本願寺の庭に何人もいたそうです。先生はその人たちを訪ねて、仏法を語られたそうです。そういう気の毒な人たちに心を痛めておられ、その人たちの友となろうとされたのだと思います。

先生はよく「私は良寛さまと旅が好きだ」と言われていましたが、私があるとき先生の持っておられた二つの大きな旅行カバンを持ったとき、その重いことにびっくりし、こんな重い荷物を持ってご法の旅をしておられるのかと、先生のご苦労を身に沁みて感じたことがあります。

濃厚なほどの慈しみを人にかけられる先生ですが、ひとたび仏法のことになると、すこぶる厳しいものを感じました。また、ウソを大変嫌われたように思いますし、あるとき「よその田んぼに植わっている稲の穂を一つ摘んでも盗みである」というお話をされたことも思い出します。倫理感情がとて

も鋭い先生でしたので、若き日の苦悩は死の問題はもとより倫理上の問題も大きく、その苦悩の解決が抜き差しならぬ先生の求道上の課題だったと思います。

先生の教えでことに感銘を受けましたのは、「一切は大法のお仕事である」というお話で、それによって私は何度となく心の重荷が軽くなった思いをいたしました。

こうした先生のお話の源は、清沢満之先生の教えに由来していると私には思われます。清沢先生が「自己とは他なし、絶対無限の妙用に乗託して任運に法爾に、この現前の境遇に落在せるもの、すなわちこれなり」といわれ、自己は絶対無限の働きによって、今ここに存在せしめられていること、また「宇宙万有の千変万化は、皆これ一大不可思議の妙用に属す。（中略）一色の映ずるも、一香の薫ずるも、決して色香その者の原起力に因るに非ず。皆かの一大不可思議の発動に基くものならずばあらず。（中略）現前一念における心の起滅また自在なるものにあらず。我等は絶対的に他力の掌中にあるものなり」あるいは「無限他力、何れのところにかある。自分の稟受においてこれを見る。自分の稟受は無限他力の表顕なり」と示され、人の存在も世界の現象も絶対無限の妙用の顕現であるといわれていますが、この清沢先生の絶対他力の教えを、正遠先生は自らの煩悶苦悩の人生の中で追体験され、さらにこの立場を徹底していかれたのだとうかがいます。

〈一切は絶対無限の妙用である〉ということを徹底するとき、世界の現象も自己の身も心もその妙用の外にはありません。それを正遠先生は「大法の活動」といわれ、その働きに運ばれていく人生と

いただかれたのであろうと思います。しかも先生はこれを単に思想としてではなく体験的に信知し、感知しておられたのでした。

そのように信知された境界はどのようにして先生に開けたのでしょうか。それは先生の人生の上に次々と起こる「おさわり様」（先生の言葉）を通して、さわりを除こうとする自力の計らいが、そのつど〈南無阿弥陀仏と否定されていく〉中で感知されていったのではないでしょうか。自分の上にふりかかる不如意の出来事に対して、自らの力ではどうすることもできない無力無能の現実に落とされるところに、絶対無限の働きに摂取されていかれたのでありましょう。

先生は助かる縁のない、どうしてみようもないその場で、南無阿弥陀仏とお念仏申すことを非常に大事にされました。これは清沢先生とは異なる点でした。先生のお歌に、

いずれにも行くべき道のたえたれば　口割りたもう南無阿弥陀仏

とありますが、どうすることもできない苦悩の場に「どうにもならねば我が名を称えよ」と仏はよびたもうと、先生はよく仰せられました。もはや私には一切の救いの道がない、〈絶対無救済〉の場でのお念仏を通して、一切は法から顕現した出来事であるという世界を感知されていかれたのではないでしょうか。

ところで、先生のご親切なご教示を何度もいただいた私でしたが、先生にお会いしてから数年していくうちに、次第に先生のもとに足を運ばなくなりました。それは先生のお話がつまらなくなったか

らでは勿論ありません。私自身が一つの壁にぶつかってきたからでした。

「一切は大法のなさしめたもうところである」という、人間にのしかかっている重圧を解放してくださる有難いお言葉を正遠先生の場合は実感的に感知しておられているのですが、そのお言葉を長年聞かせていただいている私自身は「一切は大法のなさしめたもうところであると思います」という、いわばそのように「思っているに過ぎない私」から出られなかったのです。「一切は法のお仕事である」と「感知している」ことと、単に「思っている」こととの質的差異が、はなはだ私には問題になりました。「私は先生の仰せられることを聞いて、それをまだ頭で考えているだけではないか、体験的に感知していないではないか」という問題にぶつかってしまったのです。どれほど先生からお話をお聞きしても最後にこの問題にぶつかってしまうというジレンマに陥ったのです。

この問題は正遠先生のお話だからそうなるというのではなくて、人が宗教的な救いを求める道程において、しばしば立ちはだかる壁だろうと思います。第十八願を信受すると教えられる場合にも、あるいは今日「思いを超えている今の事実に目覚めよ」とか「阿弥陀のいのちに帰れ」とかいわれる場合も、これを自己の上に実感的に了解しようとすれば、どうしてもそうなれない己が残ってしまいます。

この大きな壁にぶつかっていた私は、三十歳の秋、先生のおられた居間に行き、先生の前で声を上げて泣いたことがありました。「私には宗教的感覚がないからダメです」と。

その後、私は縁あって鹿児島県にある甑島のお寺に六年間も住むようになり、先生は二度までも遠

い島までわざわざ私を訪ねてくださいました。しかし、私の前に立ちはだかる壁は如何ともすることができませんでした。

ところが三十八歳の夏のある日、絶対無救済の場にとうとう立たされたのでありましょうか、突然に「我が名を称えよ」という如来大悲のまことを知らされたのです。

そのとき私が、助かる縁も手がかりもなくなった場において知らされたのは、「一切は法の活動である」という感知ではなく、浄土教の原点とも言うべき「念仏往生の願心」でした。

その時分に口ずさんだ私の歌に、

いずれにも行くべき道のたえし身に　ただ称えよの大悲身にしむ

というのがあります。この歌は、はからずも先生のお言葉と私の辿った道とが交差した歌でしたので、先生の感化を受けてきた自分をあらためて知らされたことでした。

私は正遠先生の教えをそのまま継ぐことにはなりませんでしたが、先生から厚い教恩を賜った一人であることに変わりはありません。

最後に、人間能力の限界において絶対無限の妙用を感知され得ることは清沢先生や正遠先生によってすでに実証済みであり、それは苦悩せる人々にとって大きな救いの光となりましょう。将来も、藤原正遠先生のみ教えによって、多くの人が大いなる安らぎを見いだされることと思います。

遠く宿縁を慶びて

藤谷 知道

私どもが藤原正遠先生にはじめてお出会いしたのは、平成五年の春のことでした。それから先生が示寂されるまでの間、八回の出会いを賜りました。数にすればわずかなことでしたが、心の中では教えとともに年々に深まりいく、そんな出会いを賜りました。

私どもにとってのこの有難き出会いは、ひとえに五十嵐務さんのお陰であります。

五十嵐さんは六十代半ばにして土産物屋をたたみ、新聞配達をしながら東京大谷専修学院で仏法を学ばれた方です。その頃は、私どものお寺の隣にある四日市別院（大分県宇佐市）で役僧さんをされていました。歳はすでに七十になっていながら、一里、二里と遠く離れたご門徒の家へ、意気揚々と自転車でお参りに行く万年青年でありました。また二言目には、「お念仏がありがたいですね」と顔をほころばせる、稀有な念仏者でありました。

そんな五十嵐さんが、ある日わが家にやって来て、「私の恩師が別府に来ます。ぜひお会いしてください」と、お願いするようにお勧めくださいました。その真摯なお勧めに怠惰な私も動かされ、「お話を聞きに行ってみようかな」という思いが湧いてきました。

行ってみれば、そこは別府の鉄輪《かんなわ》にある小さな温泉宿でした。その家のお内仏の間と、襖をはずした隣の部屋とで、即席の聞法道場ができあがっていました。「あやくもの会」と名づけられたその集いには、三十名ほどの人がいたでしょうか。足の悪い人は掘り炬燵に入り、耳の遠い人は前に出て、みな楽しそうにしておりました。時間になると、旅館のご主人でもある原寛孝さんの調声で、勤行が始まりました。終わると廊下伝いに、正遠先生と利枝先生が、少しおぼつかない足取りで、しかしお顔には寂かな笑みをたたえて、部屋に入ってこられました。

はじめに利枝先生のご法話がありました。親鸞聖人のお聖教がよどむことなく流れ出る、実に聡明なお話でした。正遠先生は椅子に腰掛けてじっとお聞きになっていました。休憩後、正遠先生のお話となりました。先生は心筋梗塞を患った後でもあり、九十歳になろうとするお身体をようやく支えているようでありました。お話も利枝先生の聡明さとはうって変わって、ゆっくりとした口調で『歎異抄』の一節を読みながら、そのお味わいを語られるものでした。またわずか三、四十分の間に、先生を仏法に導いてくれた園子ちゃんという幼子の死のことを繰り返されました。

みんなにとっては、それらはすでに何回も聞いたお話だったと思うのですが、皆、初事のように一心に聞いておりました。顔をほころばせ、いつしか合掌し、思わず念仏申しながら聞いておりました。お寺の本堂や学校や教務所にはなかった温かな空気が流れていきました。

その頃の私は、どうしても仏法を頭でしか考えられませんでした。「仏さまのご慈悲」などというお言葉ほど分からぬものはありませんでした。そんな氷のような冷たい知性も、温かな空気に触れて

溶けていくようでした。固かった心もほんの少しだけど、ほどけていくようでした。その心地よさが私に、先生とのさらなる出会いを願わせました。

ご法話が終わると、五十嵐さんに案内していただき、坊守と一緒に、私どものお寺でもお同行さんが待っていてくださるので、ぜひともおいでくださいと、お願いいたしました。先生は、老いの身を省みることなく、即座に「はい、行きましょう」と力強くお約束してくださいました。

私は二十六歳の時、大谷専修学院に入学し、仏法を学びはじめました。それよりこの方、信國淳先生をはじめ多くの先生方より信心の種を蒔いていただきました。しかし悲しき哉、曠劫来流転を重ねてきた我が業は、どうしても最後の最後のところで「そのまま」のお助けを信受することができませんでした。そんな宙ぶらりんな、息苦しい状態にいた私でしたが、先生から流れ出てくるお浄土の徳風に触れて、いのちの目覚める春の近きことを予感せずにはおれませんでした。

今、こうしてあらためて振り返り見るとき、不思議なご縁に感謝するとともに、間に合ってよかったなぁと歓ばずにおれません。

私どもには先生とのこんな楽しい思い出があります。それは先生との出会いからちょうど一年後の秋のことです。利枝先生のご希望もあり、ご法話の旅の途中、国東《くにさき》の古寺を訪ねることになりました。

その日、私はちょっとした楽しい思いつきをしました。お寺巡りの途中、喫茶店などで休憩するより、高く透き通った青空の下で野点なんかができたら、どんなに楽しかろうと。さっそく車のトラン

クに茣蓙やお茶の道具を詰め込みました。出がけにまた一つ閃きました。先生方に即興で歌や俳句をつくっていただこうと。今度は筆や硯、色紙等を放り込み、日豊線の宇佐駅にお迎えに上がりました。

正遠先生は利枝先生に支えられて、駅のプラットホームに降りてこられました。福岡県内で何ヶ所かご法話をされた後で、少しお疲れのようでした。しかし、私どもと眼が合うと、「はるかなる古より、生まれかわり死にかわりしては親となり子となってきた同胞との、久方ぶりの再会を歓ぶ」とでも形容してみたくなるような、そんな深い微笑を湛えて、私たちをお迎えくださいました。

先生方には大阪の西川和榮さんが随行されていました。別府からは「あやくもの会」の原寛孝さんと大平安行さんとが合流しました。それに私ども夫婦と末娘のゆきこ。以上八名が二台の車に分乗して国東の山に分け入りました。

はじめに真木大堂に寄りました。小さなお堂に安置されている九体の仏さまは、千古の昔より衆生済度のために立ち続けておられるとのことでした。今では、人間がお仕着せした様々な衣装もそげ落ち、寂けさを深めておられました。

続いて阿弥陀堂で名高い富貴寺へ参りました。富貴寺は、九州一円を荘園とした宇佐一族が極楽浄土への往生を願って建立したものです。建立当時は壁一面に極楽浄土が極彩色でもって描かれていたのでしょうが、それも今ではすっかり色褪せて、木々の間に寂かに佇んでいました。

私たちはその境内に二抱えも三抱えもある大きな欅を見つけ、その下に茣蓙を敷き、野点の席といたしました。妻の点てるお茶に、残暑に疲れた身体も次第にくつろぎ、のどかに時が流れていきまし

た。

墨も摺り終えたので、みんなで寄せ書きをすることになりました。「先生、お願いします」と色紙をお渡しすると、しばらく考えてから、「今、鳴いている蟬は何ていったかな?」と傍らの利枝先生に聞かれました。そして色紙の真ん中に「法師蟬」と書き、また筆を止め、ややあってから「もう、よかろう」と、利枝先生に色紙を回されました。

若い時から多くの歌を作ってこられた先生でしたので、ちょっと意外でした。今から思えば、先生にとってはもう筆をとるのも、歌を作るのも、大儀だったのかもしれません。しかし、忘れた蟬の名を尋ね、「もう、よかろう」と筆を返される、その言葉や仕草には、なんら苛立ちや哀れさがありませんでした。歌を作るのも仏わざなら、老いを深めるのも仏わざ、の先生でした。すべてが自然法爾の明るさのうちに流れてゆきました。

続いて利枝先生が、「富貴寺《ふうきじ》の野点の庭やまんじゅしゃげ」としたためられました。妻は、「先生の法師蟬をいただこうかしら」と微笑んで、その横に「ふたたびの秋たまわりて」と書き添え、下の句としました。まことに全てが如来さまから賜ったふたたびの出会いであり、時とともに消え失せていくのでなく、かえっていよいよ深まりゆく出会いでありました。

私どものお寺には、正遠先生と利枝先生のご夫妻で三回、正遠先生示寂後は利枝先生一人で三回、おいでくださいました。

同行の方々と聴聞に通った春・秋の「あやくもの会」では、ずいぶんと自由に振る舞わせていただきましたが、そこではどうしても訪問客で、先生に近づくのにもおのずから限界がありました。だから、先生が私どものお寺に来てくださるとなると、しばらく余所に出かけていた祖父母が久方ぶりに帰って来るというような、そんな浮き浮きとした気分になりました。事実、正遠先生も利枝先生も、懐かしい故郷に帰ってきたようなお顔をされて、私どもの前に現れてくださるのでした。

先生方と過ごさせていただく三日間は、お寺中に明るくなごやかな空気が広がりました。

本堂での、参詣者が百人にもなろうかという時のご法話でも、先生は必ず目の前の人に呼びかけ、質問を促され、仏法ゆえの軽やかさで私たちの頑なな心を解きほぐしてくださいました。

昼と夜のご法話以外の時間にも、先生のお部屋には誰か彼かが訪れて、自分の苦しみを聞いていただき、不思議な安らぎを賜るのでした。

また先生は求められるままに、いろんな方に揮毫してくださいました。若くして未亡人となり、一心に育てたはずの子どもが意に反して自立できず、肺を病む老いの身に憂いを深めていたご婦人がおりました。彼女はご主人の五十回忌の記念に、小さなお内仏を彩色し直しました。そして先生に六字、九字、十字のお名号を書いていただき、ご本尊といたしました。今、彼女はお内仏の前のベットに身を横たえて、酸素吸入の助けを受けながら生活しております。全てを如来さまにお任せしたのでありましょう、わが亡き後の子の行く末を案じる言葉はもう聞かれなくなりました。

このようにして先生に身近に接すれば接するほど、次第にいのちがほぐれていくのですが、しかし